大方廣佛華嚴經卷第三十二變相

# 大方廣佛華嚴經

## 일러두기

1. 『대방광불화엄경 강설』 원문原文의 저본底本은 근세에 교정이 가장 잘 되었다고 정평이 나 있는 대만臺灣의 불타교육기금회佛陀教育基金會에서 출판한 『화엄경소초華嚴經疏鈔』본입니다.

2. 『대방광불화엄경 강설』은 실차난타實叉難陀가 695년부터 699년까지 4년에 걸쳐 번역해 낸 80권본卷本 『대방광불화엄경』을 우리말로 옮기고 강설을 붙인 것입니다.

3. 『대방광불화엄경』은 애초 산스크리트에서 한역漢譯된 경전이지만 현재 산스크리트본은 소실된 상태입니다. 산스크리트를 음차한 경우 굳이 원래 소리를 표기하려고 하기보다는 『표준국어대사전』이나 『불교사전』 등에 등재된 한자음을 사용하는 것을 원칙으로 하였습니다.

4. 경문의 한글 번역은 동국역경원본을 참고하여 그대로 또는 첨삭을 하며 의미대로 번역하고 다듬었습니다.

5. 각 품마다 내용에 따라 단락을 나누고 제목을 달았습니다. 단락의 제목은 주로 청량淸凉스님의 견해에 기초하였고 이통현李通玄장자의 견해를 참고로 하였습니다.

6. 『대방광불화엄경 강설』의 발행 순서는 한역 경전의 편재 순서를 기준으로 하였고 각 권은 단행본 한 권씩으로 출간될 예정이며 모두 80권으로 완간됩니다. 다만 80권본에 빠져 있는 「보현행원품」은 80권본 완역 및 강설 후 시리즈에 포함돼 추가될 예정입니다.

7. 『대방광불화엄경 강설』 안에서 불교용어를 풀이한 것은 운허스님이 저술하고 동국역경원에서 편찬한 『불교사전』을 인용하였습니다.

8. 각주의 청량스님의 소疏는 대만에서 입력한 大方廣佛華嚴經 사이트의 것을 사용하였습니다.

9. 『대방광불화엄경 강설』 입법계품에 들어가는 문수지남도는 북송北宋시대 불국佛國선사가 선재동자가 53명의 선지식을 친견하여 법을 구하는 장면을 하나하나 그림으로 그린 것입니다.

# 대방광불화엄경 강설
# 제 38 권

## 二十六. 십지품十地品 5

실차난타實叉難陀 한역
무비스님 강설

# 서문

보살은 불심佛心의 화신입니다. 보살은 또한 보리심菩提心의 화신입니다. 진정한 보살은 부처님과 보살들이 상상할 수 있는 최상의 부처님 마음, 즉 자비심慈悲心 그 자체입니다.

보살은 일체 몸이라는 생각과 분별을 멀리 여의고 평등한 자비심에 머물러 있습니다. 그러므로 보살은 고정된 몸이 없습니다. 오로지 넘쳐나는 자비심이 있을 뿐입니다.

그래서 필요하다면 보살은 중생인 몸과 국토인 몸과 업으로 받는 몸이 되기도 합니다. 또한 성문의 몸과 독각의 몸과 보살의 몸과 여래의 몸이 되기도 합니다. 또한 지혜의 몸과 법인 몸과 허공인 몸이 되기도 합니다. 감당할 수 없는 대자대비가 무엇인들 되지 않겠습니까.

산천초목과 삼라만상이 그대로 보살의 대자대비한 몸의 현현입니다. 미세먼지와 작은 세포에서부터 드넓은 우주의 무수한 별들까지 모두가 보살의 대자대비가 천변만화千變萬化한 것입니다.

그러므로 산천초목과 삼라만상과 무한한 우주의 무한한 별들이 모두 보살의 불심佛心입니다. 또한 보살의 보리심菩提心입니다. 우리들의 사대육신과 눈과 귀와 코도 모두 보살의 대자대비 그 자체입니다. 부디 대자대비로 삽시다.

2016년 2월 15일

신라 화엄종찰 금정산 범어사

如天 無比

# 대방광불화엄경 목차

# 대방광불화엄경 강설 제38권

## 二十六. 십지품十地品 5

### 정종분正宗分

# 대방광불화엄경 강설

제38권

二十六. 십지품 5

# 8. 제8 부동지不動地를 설하다

## 1) 찬탄하고 법을 청하다

### (1) 천왕과 천중이 공양하고 찬탄하다

| 시시천왕급천중 | 문차승행개환희 |
| --- | --- |
| 是時天王及天衆이 | 聞此勝行皆歡喜하야 |
| 위욕공양어여래 | 급이무앙대보살 |
| 爲欲供養於如來와 | 及以無央大菩薩하야 |

이때에 천왕과 천신 대중이

이 수승한 행을 듣고 모두 기뻐서

여래와 무수히 많은

큰 보살들께 공양하려 하니라.

십지 법문은 타화자재천에서 설한 것으로 되어 있다. 앞에서 설한 제7지 법문을 듣고 타화자재천의 천왕과 천신 대중이 모두 기뻐하여 법회를 증명하시는 여래와 무수한 보살 대중에게 공양을 올리려고 하였다.

우묘화번급당개 향만영락여보의
**雨妙華幡及幢蓋**와 **香鬘瓔珞與寶衣**의

무량무변천만종 실이마니작엄식
**無量無邊千萬種**하니 **悉以摩尼作嚴飾**이로다

묘한 꽃과 깃발과 당기와 일산日傘과
향과 화만과 영락과 보배 옷들을
한량없고 끝없는 천만 가지로 비 내리니
모두 다 마니로써 곱게 장엄하였도다.

천왕과 천신 대중이 올리려는 공양거리는 아름다운 꽃과 깃발과 깃대와 일산과 향과 꽃다발과 영락구슬과 보배 옷들이다. 그 수효가 무량무변 천만 가지다. 그리고 그 공양거리들을 모두 마니보석으로 꾸몄다. 얼마나 아름답고 또 풍성한가. 진리의 가르침에 대한 대가는 이와 같다.

석가모니 부처님께서도 일생에 밥 한 그릇 누구에게 베푼

적 없이 오로지 진리의 가르침만을 평생 베풀었는데 그 존경과 존중과 예배와 찬탄과 공양이 얼마이던가. 전 세계의 불교 사찰은 모두 부처님 앞으로 등기가 되어 있다. 그것을 재산으로 계산한다면 도대체 얼마나 되는가. 진리의 가르침을 보시한 공덕은 이와 같다. 일체 존재의 실상과 인생의 실상을 밝힌 진리의 가르침에 대한 보상은 이와 같거늘 왜 사람들은 그것을 깨닫지 못하는가. 안타깝고 애석할 뿐이다.

### (2) 천녀가 음악으로 공양하고 찬탄하다

천 녀 동 시 주 천 악　　보 발 종 종 묘 음 성
**天女同時奏天樂**하야　**普發種種妙音聲**하야

공 양 어 불 병 불 자　　공 작 시 언 이 찬 탄
**供養於佛幷佛子**하고　**共作是言而讚歎**호대

천녀들은 같은 때에 하늘 음악을 연주하여
가지가지 아름다운 음성을 두루 내어서
부처님과 불자들에게 공양하면서
한꺼번에 말을 하여 찬탄하도다.

타화자재천의 천녀들은 다 같이 갖가지 소리를 내어 악기를 연주하고 음성으로 노래를 불러 공양하였다. 그리고 다 같이 찬탄하였다.

일체견자양족존 애민중생현신력
一切見者兩足尊이 哀愍衆生現神力하사
영차종종제천악 보발묘음함득문
令此種種諸天樂으로 普發妙音咸得聞이로다

일체를 다 보시는 양족존兩足尊께서
중생들 불쌍히 여겨 신력을 나타내시니
여러 가지 모든 하늘의 음악으로
아름다운 소리를 내어 다 듣게 하도다.

천녀들이 악기를 연주하고 아름다운 노래를 불러 공양하는 것은 모두가 지혜와 복덕이 구족하여 일체 중생을 불쌍히 여기시는 부처님의 신력이다. 참마음, 참사람, 참나인 부처님과 비로자나 부처님과 석가모니 부처님의 위신력임을 밝혔다.

어 일 모 단 백 천 억 　　나 유 타 국 미 진 수
於一毛端百千億　　那由他國微塵數의

여 시 무 량 제 여 래 　　어 중 안 주 설 묘 법
如是無量諸如來가　　於中安住說妙法이로다

한 털끝에서 백천억
나유타 국토 작은 먼지 숫자의
이와 같이 한량없는 모든 여래가
그 가운데 계시어 미묘 법을 설하도다.

우리들의 참마음, 참사람, 참나가 작기로는 바늘 하나 꽂을 곳도 못 될 만큼 작고 또 작다. 그러나 그 작은 마음에 백천억 나유타 국토를 미세먼지로 만들었을 때의 숫자와 같이 많고 많은 한량없는 모든 여래가 그 가운데 계시어 미묘 법을 연설하신다. 참으로 불가사의하지 않은가. 이것은 단순한 말이 아니라 현상세계 일체 존재의 존재원리며 참마음, 참사람, 참나의 존재원리다. 이것은 천녀들이 찬탄하는 노랫소리다. 그 수준이 얼마나 높고 심오한가.

일모공내무량찰　　각유사주급대해
一毛孔內無量刹에　各有四洲及大海하며

수미철위역부연　　실견재중무박애
須彌鐵圍亦復然하야　悉見在中無迫隘로다

한 모공毛孔 안의 한량없는 세계에
세계마다 사주四洲와 바다가 각각 다 있고
수미산과 철위산도 또한 그러하거늘
모공 안에 있어도 비좁지 않음을 다 보도다.

앞에서는 한 털끝에 백천억 나유타 국토 작은 먼지 수와 같이 한량없는 모든 여래가 그 가운데 계시어 미묘 법을 설한다 하였고, 여기서는 한 모공 안에 한량없는 세계가 있고 세계마다 사주四洲 즉 사천하와 바다가 각각 다 있고 수미산과 철위산도 또한 다 있는데, 그것들이 한 모공 안에 다 있어도 조금도 비좁지 않음을 다 본다고 하였다. 이것은 또한 무슨 도리며 어떤 이치인가. 불자들이 밤낮으로 호흡하듯이 외우는 "한 먼지 속에 시방세계가 있고 낱낱 먼지 속에도 다 또한 그와 같다."[1]는 법성게의 내용이다. 거듭 말하

1) 一微塵中含十方 一切塵中亦如是.

건대 이것은 단순한 말이 아니라 현상세계 일체 존재의 존재원리며 참마음, 참사람, 참나의 존재원리다.

일 모 단 처 유 육 취　　삼 종 악 도 급 인 천
**一毛端處有六趣**하니　**三種惡道及人天**과

제 용 신 중 아 수 라　　각 수 자 업 수 과 보
**諸龍神衆阿修羅**가　**各隨自業受果報**로다

한 털끝에 여섯 갈래[六趣] 들어 있으니
세 가지 나쁜 갈래와 인간과 천상과
용왕과 신중과 아수라들이
제각기 업을 따라 과보 받도다.

한 털끝에 지옥, 아귀, 축생의 삼악도와 인간과 천신과 용과 신과 아수라 등 온갖 종류의 중생 세계가 다 들어 있는데 그들이 모두 생명 활동을 하므로 스스로 업을 짓고 과보를 받는다. 그 모든 현상이 그대로 다 들어 있다. 이것이 한 털끝에서 벌어지는 일인가, 아니면 현실에서 이뤄지고 있는 이 모든 일들이 한 털끝 안이라는 말인가. 한 털끝이 곧 우주법계고 우주법계가 곧 한 털끝이다. 이 또한 단순한 말이 아니라 현상세계 일체 존재의 존재원리며 참마음, 참사람, 참나의 존재원리다.

어피일체찰토중 실유여래연묘음
於彼一切刹土中에 悉有如來演妙音하사

수순일체중생심 위전최상정법륜
隨順一切衆生心하야 爲轉最上淨法輪이로다

저러한 모든 세계 국토 가운데에
여래가 계시어서 묘한 음성으로 연설하사
일체 중생의 마음을 따라
가장 높고 청정한 법륜을 굴리시도다.

한 털끝에 지옥, 아귀, 축생 등 삼악도와 인간과 천신과 용과 신과 아수라 등 온갖 종류의 중생세계가 다 있고, 그곳에 여래가 계시어 아름다운 음성으로 법을 연설하신다. 그곳에 있는 일체 중생의 마음을 따라 가장 높고 청정한 법륜을 굴리신다. 불교는 오랜 세월 동안 흘러오면서 수많은 변화와 발전을 가져왔다. 불교도 살아 있는 생명이기 때문에 시대와 민족에 맞춰서 끊임없이 변화하고 발전해야 한다. 그러므로 오늘날에도 가장 뛰어난 불교, 가장 높은 불교, 가장 청정한 불교를 제시해서 온갖 종류의 사람들을 선도하고 가르쳐야 한다. 만약 지금까지 없었던 불교라 하더라도 필요하다면 새롭게 해석해서 변화 발전시켜 지구상에서 가장 우수한 진리의 가르침을 제시해야 할 것이다.

찰 중 종 종 중 생 신　　신 중 부 유 종 종 찰
**剎中種種衆生身**이요　**身中復有種種剎**하야

인 천 제 취 각 각 이　　불 실 지 이 위 설 법
**人天諸趣各各異**어든　**佛悉知已爲說法**이로다

세계 안에 가지가지 중생 몸 있고
몸 안에 다시 또 가지가지 세계가 있어
인간 천상 여러 갈래 각각 다른데
부처님이 다 아시고 법을 설하시도다.

사람의 몸을 기준으로 해서 널리 눈을 돌리면 무한 우주,

즉 수천억 광년의 거리에까지 중생이 있다. 또 몸 안으로 눈을 돌리면 우리들 몸에는 1백 조의 세포가 있고 그 1백 조의 세포마다 또 각각 1백 조의 세포가 있는데 이 모든 것이 하나하나의 세계가 된다. 인간과 천상 등 온갖 갈래의 각각 다른 모습들이다. 부처님은 그와 같은 사실을 다 아시고 그것에 맞춰서 법을 설하신다.

대찰수념변위소　　소찰수념역변대
**大刹隨念變爲小**하고　**小刹隨念亦變大**하니

여시신통무유량　　세간공설불능진
**如是神通無有量**이라　**世間共說不能盡**이로다

큰 세계가 생각을 따라 작게 변하고
작은 세계가 마음대로 크게 되나니
이와 같은 신통변화 한량이 없어
온 세상이 다 같이 말해도 끝낼 수 없도다.

불교인들은 "일체가 오직 마음먹기에 달렸다."라는 말을 아주 잘 쓴다. 세계가 크고 작은 것은 모두 내 마음에 달린 것이지 세계 그 자체에 있는 것은 아니다. 그렇게 알고 마음을 자유자재로 쓰는 것이 곧 신통묘용이다. 이와 같은 이치를 온 세상 사람들이 다 같이 설명한다 하더라도 끝내 다 설명할 수 없다.

### (3) 법을 청하다

보 발 차 등 묘 음 성　　칭 찬 여 래 공 덕 이
**普發此等妙音聲**하야　**稱讚如來功德已**하고

중 회 환 희 묵 연 주　　일 심 첨 앙 욕 청 설
**衆會歡喜默然住**하야　**一心瞻仰欲聽說**이로다

이와 같은 묘한 음성 두루 내어서
여래의 크신 공덕 찬탄하고 나서
모든 대중 환희하여 잠자코 앉아
일심으로 우러르며 설법 듣고자 하도다.

천녀들이 부처님이 깨닫고 설명한 법문의 내용을 정리해서 간략히 설하고 나니 대중들은 기쁜 마음으로 묵묵히 앉아 제8지 법문이 설해지기를 일심으로 우러르고 있다.

시 해 탈 월 부 청 언　　금 차 중 회 개 적 정
時解脫月復請言호대　今此衆會皆寂靜하니

원 설 수 차 지 소 입　　제 팔 지 중 제 행 상
願說隨次之所入인　第八地中諸行相하소서

그때에 해탈월보살이 청하는 말씀,
"여기 모인 대중이 정숙하오니
바라건대 다음에 들어갈 바를 따라
제8지의 모든 행상을 말씀하소서."

드디어 해탈월보살이 제8지의 법문 설해 줄 것을 청하는 게송이다. "여기 모인 대중들은 정숙합니다. 바라건대 다음에 들어갈 제8지의 법문을 설해 주십시오."라고 하였다.

### 2) 방편을 닦아 익히다

이 시　금 강 장 보 살　고 해 탈 월 보 살 언
爾時에 金剛藏菩薩이 告解脫月菩薩言하사대

불 자　보 살 마 하 살　어 칠 지 중　선 수 습 방 편 혜
佛子야 菩薩摩訶薩이 於七地中에 善修習方便慧

선 청 정 제 도　　선 집 조 도 법
하며 **善清淨諸道**하며 **善集助道法**하며

그때에 금강장보살이 해탈월보살에게 말하였습니다. "불자여, 보살마하살이 제7지에서 방편 지혜를 잘 닦고, 모든 도를 잘 깨끗하게 하며, 도를 돕는 법을 잘 모으느니라."

방편을 닦아 익혀서 모은 바에 대해 청량스님은 "방편을 닦아 모은 바에 11구절이 있다. 둘로 나누면 먼저 세 구절은 같은 모양으로서 모든 지위에 공통으로 행하는 것이고, 다음의 여덟 구절은 각각 다른 모양으로서 모든 지위에 달리 수행하는 연고다."[2]라고 하였다. 앞의 세 구절은 '방편 지혜를 잘 닦고, 모든 도를 잘 깨끗하게 하며, 도를 돕는 법을 잘 모으는 것'이다. 제7지에서 닦은 수행을 다시 정리한 내용이다.

---

2) 正顯所集, 有十一句. 分二 : (一)三句同相, 諸地通行故. (二)八句別相, 諸地異修故.

대 원 력 소 섭　　여 래 력 소 가　자 선 력 소 지
**大願力所攝**이며 **如來力所加**며 **自善力所持**며

상 념 여 래 역 무 소 외 불 공 불 법
**常念如來力無所畏不共佛法**하며

"큰 원력으로 포섭하고, 여래의 힘으로 가피한 바가 되고, 자기 선근의 힘으로 유지하므로, 여래의 힘과 두려움 없음과 함께하지 않는 부처님의 법을 항상 생각하느니라."

다음의 여덟 구절이다. 먼저 큰 원력이 있어야 하고, 큰 원력만으로는 부족해서 여래의 가피한 바가 되고, 또 자기 선근의 힘으로 유지되어야 함을 밝혔다. 다음은 항상 생각해야 할 바를 밝혔다. 항상 생각해야 할 바에는 여래의 열 가지 힘[十力][3]과 네 가지 두려움 없음[四無所畏][4]과 열여덟 가지 특별한 법[十八不共佛法][5] 등이 있다.

3) 십력十力 :【범】Daśa-balaḥ. 부처님께만 있는 열 가지 심력心力이다. ① 처비처지력處非處智力 ② 업이숙지력業異熟智力 ③ 정려해탈등지등지지력靜慮解脫等持等至智力 ④ 근상하지력根上下智力 ⑤ 종종승해지력種種勝解智力 ⑥ 종종계지력種種界智力 ⑦ 변취행지력遍趣行智力 ⑧ 숙주수념지력宿住隨念智力 ⑨ 사생지력死生智力 ⑩ 누진지력漏盡智力. 이는 『구사론俱舍論』 제27권, 『순정리론順正理論』 제75권 등에 의함.

선청정심심사각 능성취복덕지혜 대
善淸淨深心思覺하며 能成就福德智慧하며 大

자대비 불사중생 입무량지도
慈大悲로 不捨衆生하며 入無量智道하니라

"깊은 마음으로 생각함을 청정케 하며, 능히 복덕과 지혜를 성취하며, 대자대비로 중생을 버리지 않고, 한량없는 지혜의 도에 들어가게 하느니라."

어떤 수행보다 중요한 점은 '대자대비로 중생을 버리지

---

4) 사무소외四無所畏 : 【범】 Catvāri-vaiśāradyāni. 불 · 보살이 설법할 적에 두려운 생각이 없는 지력智力의 네 가지다. ① 정등각무외正等覺無畏는 일체 모든 법을 평등하게 깨달아, 다른 이의 힐난을 두려워하지 않음 ② 누영진무외漏永盡無畏는 온갖 번뇌를 다 끊었노라고 하여, 외난外難을 두려워하지 않음 ③ 설장법무외說障法無畏는 보리를 장애하는 것을 말하되 악법惡法은 장애되는 것이라고 말해서, 다른 이의 비난을 두려워하지 않음 ④ 설출도무외說出道無畏는 고통 세계를 벗어나는 요긴한 길을 표시해서, 다른 이의 비난을 두려워하지 않음이다.

5) 십팔불공법十八不共法 또는 십팔불공불법十八不共佛法 : 부처님께만 있는 공덕으로서 2승이나 보살들에게는 공동共同하지 않는 열여덟 가지. 신무실身無失 · 구무실口無失 · 의무실意無失 · 무이상無異想 · 무부정심無不定心 · 무부지이사無不知已捨 · 욕무감欲無減 · 정진무감精進無減 · 염무감念無減 · 혜무감慧無減 · 해탈무감解脫無減 · 해탈지견무감解脫知見無減 · 일체신업수지혜행一切身業隨智慧行 · 일체구업수지혜행一切口業隨智慧行 · 일체의업수지혜행一切意業隨智慧行 · 지혜지견과거세무애무장智慧知見過去世無礙無障 · 지혜지견미래세무애무장智慧知見未來世無礙無障 · 지혜지견현재세무애무장智慧知見現在世無礙無障.

않고 한량없는 지혜의 도에 들어가게 하는 것'이다. 수많은 불교 중에 가장 이상적인 불교는 보살불교다. 그 보살불교의 꿈은 언제나 중생들과 동고동락하면서, 또한 팔만사천 번뇌를 같이 하면서, 심지어 생사를 같이 하면서 그들을 한량없는 지혜의 도에 들어가게 하는 것이기 때문이다.

### 3) 무생법인無生法忍을 얻다

입일체법 본래무생무기무상무성무괴무
入一切法의 本來無生無起無相無成無壞無
진무전 무성위성 초중후제 개실평등 무
盡無轉과 無性爲性과 初中後際가 皆悉平等과 無
분별여여지지소입처
分別如如智之所入處하며

"일체 법의 본래 나는 일도 없고, 일어남도 없고, 모양도 없고, 이룸도 없고, 무너짐도 없고, 다함도 없고, 옮아감도 없으며, 성품이 없는 것으로 성품을 삼으며, 처음과 중간과 나중이 모두 평등하며, 분별이 없는 진

여와 같은 지혜로 들어갈 곳에 들어가느니라."

일체 법의 실상은 "본래 나는 일도 없고, 일어남도 없고, 모양도 없고, 이룸도 없고, 무너짐도 없고, 다함도 없고, 옮아감도 없으며, 성품이 없는 것으로 성품을 삼으며, 처음과 중간과 나중이 모두 평등하다." 이러한 이치를 깨달아 아는 것이 곧 생멸을 초월한 무생법인無生法忍을 얻는 것이 된다.

이 일 체 심 의 식 분 별 상 　 무 소 취 착 　 유 여 허
**離一切心意識分別想**하야 **無所取着**이 **猶如虛**
공 　 입 일 체 법 여 허 공 성 　 시 명 득 무 생 법 인
**空**하며 **入一切法如虛空性**하나니 **是名得無生法忍**
이니라

"모든 마음과 뜻과 식으로 분별하는 생각을 여의었으며, 집착함이 없으며, 허공과 같으며, 일체 법에 들어가 허공의 성품과 같나니, 이것을 말하여 무생법인無生法忍을 얻었다 하느니라."

생멸을 초월한 무생법인無生法忍을 얻게 되면 모든 마음과 뜻과 식으로 분별하는 생각을 떠나게 되고, 그래서 일체 법에 집착함이 없으며 허공과 같이 여기게 된다. 이것을 무생법인을 얻었다 한다. 즉 생각과 감정과 오온을 나라고 여기는 차원을 벗어나서 참마음의 경지에서 노니는 경지이다.

### 4) 수승한 행行을 얻다

불자 보살 성취차인 즉시 득입제팔
佛子야 菩薩이 成就此忍하면 卽時에 得入第八

부동지 위심행보살 난가지 무차별
不動地하야 爲深行菩薩하야 難可知며 無差別이며

이일체상 일체상 일체집착 무량무변
離一切相과 一切想과 一切執着이며 無量無邊이며

일체성문벽지불 소불능급 이제훤쟁 적
一切聲聞辟支佛의 所不能及이며 離諸諠諍이며 寂

멸현전
滅現前이니라

"불자여, 보살이 이 인忍을 성취하고는 즉시로 제8 부동지不動地에 들어가나니 깊이 행하는 보살이 되어서 알기 어려우며, 차별이 없으며, 일체 모양과 일체 생각과 일체 집착을 여의며, 한량이 없고 끝이 없으며, 일체 성문과 벽지불이 미칠 수 없으며, 모든 시끄러움을 여의어서 적멸寂滅이 앞에 나타나느니라."

이와 같은 무생법인을 성취하고는 곧 제8 부동지에 들어가게 된다. 사량분별로는 알기 어려우며, 일체 차별상이 없으며, 일체 모양과 일체 생각과 일체 집착을 멀리 떠나며, 한량이 없고 끝이 없다. 그래서 일체 성문과 벽지불이 미칠 수 없으며, 모든 시끄러움을 여의어서 적멸寂滅이 앞에 나타나게 된다.

벽지불은 연각緣覺이라고도 하는데 연기緣起의 이치를 깨달은 사람이라는 말이다. 만약 석가모니 부처님의 깨달음을 연기의 이치를 깨달은 것이라고 정의한다면 그는 대승불교에서 말하는 연각이며 벽지불이다. 화엄경에서는 제8지 보살은 말할 것도 없고 심지어 삼현三賢과 십성十聖을 성문이나 벽지불은 결코 미칠 수 없다고 한다.

비여비구　구족신통　득심자재　차제
譬如比丘가 具足神通하고 得心自在하야 次第

내지입멸진정　일체동심억상분별　실개지
乃至入滅盡定하면 一切動心憶想分別이 悉皆止

식
息인달하니라

"마치 비구가 신통을 구족하고 마음이 자재하게 되어 차례로 멸진정滅盡定에까지 들어가면 모든 동動하는 마음과 기억하는 분별이 모두 쉬느니라."

제8 부동지 보살이 모든 시끄러움을 여의어서 적멸寂滅이 앞에 나타나는 경지를 비구가 멸진정에 들어가면 모든 동動하는 마음과 기억하는 분별이 모두 쉬게 되는 것에 비유하였다. 계속해서 아래에 꿈의 비유와 범천에 태어나는 비유 등 세 가지가 있다.

차보살마하살　역부여시　주부동지　즉
此菩薩摩訶薩도 亦復如是하야 住不動地에 卽

사일체공용행　득무공용법　신구의업　염
捨一切功用行하고 得無功用法하야 身口意業의 念

무개식　주어보행
務皆息하야 住於報行이니라

"이 보살마하살도 또한 그와 같아서 부동지에 머물면 일체 공들여 작용하는 행[功用行]을 버리고 공들여 작용함이 없는 법[無功用法]을 얻어서 몸과 입과 뜻으로 하는 업과 생각과 일이 모두 쉬어서 과보의 행에 머무느니라."

제8 부동지에 오르면 공들여 작용하는 행[功用行]을 버리고 공들여 작용함이 없는 법[無功用法]을 얻어서 몸과 입과 뜻으로 하는 업과 생각과 일이 모두 쉬어 버린다는 것을 중요하게 밝히고 있다.

비여유인　몽중견신　타재대하　위욕도
譬如有人이 夢中見身이 墮在大河하고 爲欲度

고　발대용맹　시대방편　이대용맹시방편
故로 發大勇猛하며 施大方便이라 以大勇猛施方便

고 즉변각오 기각오이 소작개식
**故**로 **卽便覺寤**하나니 **旣覺寤已**에 **所作皆息**인달하니라

"마치 어떤 사람이 꿈에 몸이 큰 강에 빠졌는데 건너가기 위하여 큰 용맹을 내어 방편을 베풀었고, 큰 용맹을 내어 방편을 베풀었으므로 꿈을 깨게 되느니라. 꿈을 깨고 나면 하던 일이 모두 쉬게 됨과 같으니라."

유공용과 무공용의 다른 점을 꿈으로 비유하였다. 꿈속에서 큰 강물에 빠졌을 때 그 강물에서 벗어나고자 있는 힘을 다해서 헤엄을 치게 된다. 있는 힘을 다하기 때문에 꿈에서 깨어나게 된다. 꿈을 깨고 나면 큰 강물도 없고 강물이 없으니 강물에 빠진 일도 없다. 강물에 빠진 일이 없으므로 살려고 발버둥치던 일도 없다. 모든 것을 다 쉬어서 그냥 편안할 뿐이다. 제7지까지 유공용의 수행은 큰 강물에 빠졌다고 생각하고 물속에서 벗어나려고 발버둥치는 것과 같고 제8지 무공용의 수행은 꿈을 깨서 아무런 일이 없는 것과 같다. 아무런 일이 없는 가운데서 더욱 부지런히 정진한다.

미혹한 중생들은 모두 꿈을 꾸고 있다. 미혹하다고 꿈을 꾸고 있고, 그 미혹에서 벗어나려고 꿈을 꾸고 있다. 미혹하

다는 생각도 꿈이요, 미혹을 벗어나려는 수행도 꿈이다. 다만 한 가지 중요한 사실은 미혹에서 벗어나려고 용맹을 다하여 무진 애를 쓴다는 일이다. 꿈이지만 그와 같이 무진 애를 씀으로 해서 꿈에서 깨어나게 된다는 것이 중요하다. 비록 꿈속에서의 일이지만 애를 써서 수행하지 않으면 꿈은 영원히 깨지 않는다.

보살 역이 견중생신 재사류중 위구
菩薩도 亦爾하야 見衆生身이 在四流中하고 爲救

도고 발대용맹 기대정진 이용맹정진고
度故로 發大勇猛하며 起大精進이라 以勇猛精進故

지차부동지 기지차이 일체공용 미불
로 至此不動地하나니 旣至此已에 一切功用이 靡不

개식 이행상행 실불현전
皆息하야 二行相行이 悉不現前이니라

"보살도 그와 같아서 중생의 몸이 네 가지 폭류[四流]에 있음을 보고 제도하기 위하여 큰 용기를 내어 크게 정진하며, 큰 용맹으로 정진하므로 이 부동지에 이르느니라. 이 지위에 이르면 일체 공들여 작용함이 모두 쉬어서 두 가지 행과 형상 있는 행[相行]이 모두 앞에 나타나지 아니하느니라."

네 가지 폭류[四流]란 사폭류四暴流라고도 한다. 폭류는 홍수가 나무나 가옥 따위를 떠내려 보내는 것처럼 선善을 떠내려 보내는 뜻으로, 번뇌를 말한다. ① 욕폭류欲暴流는 욕폭계에서 일으키는 번뇌다. 중생은 이것 때문에 생사의 세계에서 바퀴 돌듯 한다. ② 유폭류有暴流는 색계와 무색계의 번뇌다. ③ 견폭류見暴流는 3계의 견혹見惑 중에 4제諦마다 각각 그 아래에서 일어나는 신견身見・변견邊見 등의 그릇된 견해다. ④ 무명폭류無明暴流는 3계의 4제와 수도修道에 일어나는 우치愚癡의 번뇌인데 모두 15가지가 있다.

보살은 중생들이 이러한 폭류에 흘러다니는 것을 보고 그들을 제도하기 위해 큰 용기를 내어 정진한다. 이러한 정진으로 인하여 제8 부동지에 이르게 된다. 제8 부동지에 이르면 일체 공용이 모두 쉬어 무공용이 된다는 것을 거듭 밝혔다.

두 가지 행[二行]과 형상 있는 행[相行]이 모두 앞에 나타나지 아니한다고 하였는데 안으로 증득한 생사와 열반이라는 두 가지 마음이 행하지 않는 것이 두 가지 행이 나타나지 아니함이다. 마치 꿈을 깨고 나면 이 언덕과 저 언덕이 없는 것과 같다. 또 바깥 경계를 수용해도 생각이 행하지 않기 때문에 형상 있는 행[相行]이 앞에 나타나지 아니한다고 하였다.

불자 여생범세 욕계번뇌 개불현전
**佛子**야 **如生梵世**에 **欲界煩惱**가 **皆不現前**인달하야
주부동지 역부여시 일체심의식행 개불
**住不動地**도 **亦復如是**하야 **一切心意識行**이 **皆不**
현전
**現前**하나니라

"불자여, 마치 범천에 태어나면 욕계의 번뇌가 앞에 나타나지 아니하나니 부동지에 머무는 것도 또한 그와 같아서 모든 마음과 뜻과 식識으로 하는 행이 앞에 나타나지 아니하느니라."

범천梵天이란 바라하마천婆羅賀麼天이라고도 쓴다. 색계 초선천이다. 범梵은 맑고 깨끗하다는 뜻이다. 이 하늘은 욕계의 음욕을 여의어서 항상 깨끗하고 조용하므로 범천이라 한다. 여기에 세 하늘이 있으니 범중천 · 범보천 · 대범천인데 범천이라고 통칭한다. 제8 부동지에서 일체 심의식心意識이 행하지 않는 것이 그와 같다.

차보살마하살 보살심 불심 보리심 열
**此菩薩摩訶薩**이 **菩薩心**과 **佛心**과 **菩提心**과 **涅**

반심 상불현기 황부기어세간지심
**槃心**도 **尙不現起**어든 **況復起於世間之心**이리오

"이 보살마하살은 보살의 마음과 부처의 마음과 보리의 마음과 열반이라는 마음도 일으키지 아니하거든 하물며 다시 세간의 마음을 일으키겠는가."

제8 부동지에 이르면 아무리 훌륭한 마음을 일으켜도 일으키는 흔적이 없이 일으킨다. 중생을 제도한다는 보살의 마음과 부처의 마음과 보리의 마음을 내더라도 내는 작용이

없다. 그래서 움직이지 않는다는 부동지다. 마치 목석과 같아서 움직이지 않는다는 것과는 전혀 다르다. 세속적인 마음이야 더 말할 나위가 있겠는가. 이것이 또한 무공용이다.

### 5) 제불諸佛이 나타나 격려하다

불자 차지보살 본원력고 제불세존 친
佛子야 此地菩薩의 本願力故로 諸佛世尊이 親

현기전 여여래지 영기득입법류문중
現其前하사 與如來智하야 令其得入法流門中케하고

작여시언
作如是言하사대

"불자여, 이 지위의 보살은 본래의 원력으로 여러 부처님 세존이 친히 그 앞에 나타나 여래의 지혜를 주어서 법의 물결[法流]에 들어가게 하고는 이와 같은 말씀을 하시느니라."

제8 부동지에 이르면 여러 부처님 세존이 친히 그 앞에 나

타나 여래의 지혜를 주고는 여러 가지 말씀으로 찬탄하고 격려와 지도의 말씀을 하시게 된다. 아래의 긴 말씀은 모두 부처님이 하신 것으로 편찬되어 있다.

선재선재 선남자 차인 제일 순제불
**善哉善哉**라 **善男子**야 **此忍**이 **第一**이라 **順諸佛**
법 연 선남자 아등소유십력무외십팔
**法**이어니와 **然**이나 **善男子**야 **我等所有十力無畏十八**
불공제불지법 여금미득 여응위욕성취차
**不共諸佛之法**은 **汝今未得**이니 **汝應爲欲成就此**
법 근가정진 물부방사어차인문
**法**인댄 **勤加精進**하야 **勿復放捨於此忍門**이니라

"훌륭하고 훌륭하여라, 선남자여. 이 진리[法忍]가 제일이니라. 모든 부처님의 법을 수순하는 것이니라. 그러나 선남자여, 우리가 가지고 있는 열 가지 힘[十力]과, 두려움 없음[無畏]과, 열여덟 가지 함께하지 않는[十八不共] 모든 부처님의 법은 그대가 아직 얻지 못하였으니 그대는 응당 이 법을 성취하기 위하여 부지런히 정진할 것이요, 이 진리의 문에서 놓아 버리지 말도록 하라."

부처님이 스스로 자신이 갖춘 대표적인 법들을 열거하면서 제7지까지는 성취하지 못하였으나 제8지부터는 성취하기를 당부하였다. 그 대표적인 법은 열 가지 힘[十力]과, 두려움 없음[無畏]과, 열여덟 가지 함께하지 않는[十八不共] 모든 부처님의 법이다. 이 법을 성취하기 위해서 더욱 부지런히 정진하여 지금 얻은 진리를 놓아 버리지 말기를 당부하였다.

우선남자 여수득시적멸해탈 연제범부
**又善男子**야 **汝雖得是寂滅解脫**이나 **然諸凡夫**는
미능증득 종종번뇌 개실현전 종종각
**未能證得**하야 **種種煩惱**가 **皆悉現前**하며 **種種覺**
관 상상침해 여당민념여시중생
**觀**이 **常相侵害**하나니 **汝當愍念如是衆生**이니라

"또 선남자여, 그대는 비록 이 고요한 해탈을 얻었지마는 그러나 모든 범부들은 아직 능히 증득하지 못하였으므로 여러 가지 번뇌가 앞에 나타나기도 하고, 여러 가지 거친 생각[覺]과 미세한 생각[觀]이 항상 침노하나니, 그대는 마땅히 이와 같은 중생들을 불쌍하게 생각

하도록 하라."

또 제8지 보살은 고요한 해탈을 얻었으나 모든 범부들은 얻지 못하였다고 하였다. 고요한 해탈이란 아무리 보살행을 왕성하게 펼치더라도 언제나 참마음, 참사람, 참나의 자리에서 동요하지 않고 보살행을 펼친다는 것이다. 범부들은 설사 선행을 하더라도 온갖 생각이 들끓어서 바라밀이 되지 못한다. 선행을 닦고도 온갖 번뇌가 들끓는다면 참으로 불쌍하지 않은가.

우선남자　여당억념본소서원　보대요익
**又善男子**야 **汝當憶念本所誓願**하야 **普大饒益**

일체중생　개령득입불가사의지혜지문
**一切衆生**하야 **皆令得入不可思議智慧之門**이니라

"또 선남자여, 그대는 마땅히 본래에 세운 서원을 기억하고 일체 중생을 모두 크게 이익하게 하여 불가사의한 지혜의 문에 들어가도록 하라."

부처님은 또 당부하신다. 보살은 본래 일체 중생을 이익하게 하기 위하여 발심하여 수행하였다. 그것이 본래의 서원이다. 그러므로 그 서원을 항상 기억하여 널리 일체 중생들을 크게 이익하게 하라. 그것이 곧 지혜를 실천하는 길이다.

우선남자 차제법법성 약불출세 약불
**又善男子**야 **此諸法法性**은 **若佛出世**어나 **若不**
출세 상주불이 제불 불이득차법고 명위
**出世**에 **常住不異**니 **諸佛**이 **不以得此法故**로 **名爲**
여래 일체이승 역능득차무분별법
**如來**라 **一切二乘**도 **亦能得此無分別法**이니라

"또 선남자여, 이 모든 법과 법의 성품은 부처님이 세상에 나셨거나 나시지 않았거나 간에 항상 있어 다르지 아니하며, 모든 부처님이 이 법을 얻었다고 해서 여래라고 이름하는 것이 아니니, 일체 이승二乘도 또한 이 분별없는 법을 능히 얻을 것이니라."

모든 법과 법의 성품은 원융하여 두 가지 모양이 없고, 본래 평등한 하나다. 부처님이 세상에 출현하시고 출현하시지 않고는 아무런 상관이 없는 문제다. 석가모니 부처님이 세상에 오시기 무수 억만 년 전부터 존재하던 진리다. 또 부처님이 열반에 들어도 무수 억만 년 이후까지 존재하는 것이 역시 이 진리다.

또한 모든 부처님이 이 법을 얻었다고 해서 여래라고 이름하는 것이 아니다. 일체 사람과 일체 생명은 본래로 부처님이다. 일체 이승도 역시 이 분별이 없는 평등한 법과 법의 성품 안에 있는 이승이기 때문에 그들도 역시 본래로 부처님이다. 제8 부동지의 견해는 이와 같다. 이와 같지 못한 견해는 제7지 이하의 소견이다. 선문禪門에서 "마음이 곧 부처다[心卽是佛]."라고 하거나 필자가 "사람이 곧 부처다."라고 하는 인불사상人佛思想이 곧 이 제8지 보살의 견해다.

우선남자 여관아등 신상무량 지혜무량

**又善男子**야 **汝觀我等**의 **身相無量**과 **智慧無量**과

국토무량 방편무량 광명무량 청정음성
**國土無量**과 **方便無量**과 **光明無量**과 **淸淨音聲**도

역무유량 여금의응성취차사
**亦無有量**하야 **汝今宜應成就此事**니라

"또 선남자여, 그대는 나의 몸이 한량없고, 지혜가 한량없고, 국토가 한량없고, 방편이 한량없고, 광명이 한량없고, 청정한 음성이 한량없음을 보나니, 그대는 이제 마땅히 이 일을 성취하도록 하라."

본래로 부처님인 경지는 몸이 한량없고, 지혜가 한량없고, 국토가 한량없고, 방편이 한량없고, 광명이 한량없고, 청정한 음성이 한량없다. 이것을 마음껏 활용할 수 있는 능력을 성취하도록 하라.

우선남자 여금적득차일법명 소위일체
**又善男子**야 **汝今適得此一法明**하니 **所謂一切**

법무생무분별 선남자 여래법명 무량
**法無生無分別**이어니와 **善男子**야 **如來法明**은 **無量**

입 무량작 무량전 내지백천억나유타
入이며 無量作이며 無量轉일새 乃至百千億那由他

겁 불가득지 여응수행 성취차법
劫에도 不可得知니 汝應修行하야 成就此法이니라

"또 선남자여, 그대는 이제 다만 한 가지 법에 밝음[法明]을 얻었나니, 이른바 일체 법의 남[生]이 없고 분별이 없는 것이니라. 선남자여, 여래의 법의 밝음은 한량없는 데 들어가서 한량없이 작용하고 한량없이 굴러가며, 내지 백천억 나유타 겁에도 알 수 없나니, 그대는 마땅히 수행하여 이 법을 성취하도록 하라."

다시 또 당부하기를, "여래의 법의 밝음은 한량없는 데 들어가서 한량없이 작용하고 한량없이 굴러가며, 내지 백천억 나유타 겁에도 알 수 없나니 그대는 마땅히 수행하여 이 법을 성취하도록 하라."라고 하였다.

우선남자 여관시방무량국토 무량중생
又善男子야 汝觀十方無量國土와 無量衆生과

무 량 법 종 종 차 별　　실 응 여 실 통 달 기 사
無量法種種差別하야 悉應如實通達其事니라

"또 선남자여, 그대는 시방의 한량없는 국토와 한량없는 중생과 한량없는 법의 갖가지로 차별한 것을 보나니, 그런 일을 모두 사실과 같이 통달하도록 하라."

부처님은 또 당부하기를, "시방의 한량없는 국토와 한량없는 중생과 한량없는 법의 갖가지로 차별한 것을 모두 사실과 같이 통달하도록 하라."라고 하였다.

### 6) 지혜를 일으키는 문을 주다

불 자　제 불 세 존　여 차 보 살 여 시 등 무 량 기
佛子야 諸佛世尊이 與此菩薩如是等無量起

지 문　영 기 능 기 무 량 무 변 차 별 지 업
智門하사 令其能起無量無邊差別智業하나니라

"불자여, 모든 부처님 세존께서 이 보살에게 이와 같은 한량없이 지혜를 일으키는 문을 주어서 한량없고 끝

이 없이 차별한 지혜의 업을 일으키게 하느니라."

세존께서 이 보살에게 이와 같은 한량없이 지혜를 일으키는 문을 주어서 다시 또 한량없고 끝이 없이 차별한 지혜의 업을 일으키게 한다.

불자 약제불 불여차보살기지문자 피
**佛子**야 **若諸佛**이 **不與此菩薩起智門者**인댄 **彼**

시 즉입구경열반 기사일체이중생업
**時**에 **卽入究竟涅槃**하야 **棄捨一切利衆生業**이어니와

"불자여, 만일 모든 부처님이 이 보살에게 지혜를 일으키는 문을 주지 아니하였으면 그때에 곧 구경의 열반에 들어서 모든 중생을 이익하게 하는 업을 버렸을 것이니라."

지혜가 끝없이 일어나야 열반을 증득하였더라도 열반에 안주하지 않고 중생을 이익하게 함을 밝혔다. 소승 열반을 증득하는 것을 목표로 하는 성문 연각과 중생 제도를 목적

으로 하는 보살의 다른 점이 곧 이것이다. 보살행은 지혜에서 나오기 때문이다.

이제불 여여시등무량무변기지문고 어일
以諸佛이 與如是等無量無邊起智門故로 於一
념경 소생지업 종초발심 내지칠지 소수
念頃에 所生智業이 從初發心으로 乃至七地의 所修
제행 백분 불급일 내지백천억나유타분
諸行으로 百分에 不及一이며 乃至百千億那由他分
역불급일 여시아승지분 가라분 산수
에도 亦不及一이며 如是阿僧祇分과 歌羅分과 算數
분 비유분 우파니사타분 역불급일
分과 譬喩分과 優波尼沙陀分에도 亦不及一이니라

"모든 부처님이 이와 같이 한량없고 끝이 없이 지혜를 일으키는 문을 주었으므로 잠깐 동안에 내는 지혜의 업이 처음 발심한 때부터 제7지에 이르도록 닦은 모든 행으로는 백 분의 하나에도 미치지 못하고, 내지 백천억 나유타 분의 하나에도 또한 미치지 못하며, 이와 같이 아승지 분과 가라 분과 산수 분과 비유 분과 우파니사타 분의 하나에도 또한 미치지 못하느니라."

십지품에서 설하는 내용이 화엄경의 다른 품에서 설하는 내용과는 약간 상위한 점이 있다. 부처님이 주신 지혜를 일으키는 문을 얻어서 잠깐 동안에 내는 지혜의 업이 처음 발심한 때부터 제7지에 이르도록 닦은 모든 행으로는 도저히 미칠 수 없다고 하였다. 그렇다면 제7지 이전의 모든 삼현三賢의 보살행은 제대로 된 보살행이 아니라는 뜻이 된다. 그래서 다만 십지 중 제1지에서 제7지까지의 보살행이 제8지 이후와 비교할 때 그와 같은 차이가 난다고 보아야 할 것이다. 십지품이 화엄경의 나머지 품과는 다른 독립적인 경전이라고 보는 이유가 그것이다.

제7지까지의 수행을 제8지의 수행과 비교하면 백천억 나유타 분의 하나에도 미치지 못하고, 이와 같이 아승지 분과 가라 분과 산수 분과 비유 분과 우파니사타 분의 하나에도 미치지 못한다는 것은, 간략히 정리하면 유공용의 수행과 무공용의 수행이 그와 같이 차별하다는 뜻이다.

하이고 불자 시보살 선이일신 기행
何以故오 佛子야 是菩薩이 先以一身으로 起行

금주차지 득무량신 무량음성 무
이어니와 今住此地하야는 得無量身과 無量音聲과 無

량지혜 무량수생 무량정국
量智慧와 無量受生과 無量淨國하야

"무슨 까닭인가. 불자여, 이 보살이 먼저는 한 몸으로 행을 일으켰지마는, 이제 이 지위에서는 한량없는 몸과 한량없는 음성과 한량없는 지혜와 한량없는 태어남과 한량없는 깨끗한 국토를 얻느니라."

그 까닭을 밝혔다. 보살이 제7지까지 유공용으로 수행할 때는 한 몸으로 행을 일으켰지마는, 제8지에서는 무공용으로 수행하여 한량없는 몸과 한량없는 음성과 한량없는 지혜와 한량없는 태어남과 한량없는 깨끗한 국토를 얻은 것이다.

교화무량중생　공양무량제불　입무량법
教化無量衆生하며 供養無量諸佛하며 入無量法

문　구무량신통　유무량중회도량차별
門하며 具無量神通하며 有無量衆會道場差別하며

주무량신어의업　집일체보살행　이부동
住無量身語意業하야 集一切菩薩行하나니 以不動

법고
法故니라

"한량없는 중생을 교화하고, 한량없는 모든 부처님께 공양하고, 한량없는 법문에 들어가고, 한량없는 신통을 갖추고, 한량없는 대중이 모인 도량의 차별을 가졌으며, 한량없는 몸과 말과 뜻으로 짓는 업에 머물러서 모든 보살의 행을 모으되 동요하지 않는 법으로써 하는 연고이니라."

또한 한량없는 중생을 교화하고, 한량없는 부처님께 공양하고, 한량없는 법문에 들어가고, 한량없는 몸과 말과 뜻으로 짓는 업에 머물러서 모든 보살의 행을 모으되 동요하지 않는 법으로써 하기 때문이다. 이것이 부동지의 뜻이다.

불자 비여승선 욕입대해 미지어해
佛子야 譬如乘船하고 欲入大海에 未至於海하야는

다용공력 약지해이 단수풍거 불가
多用功力이어니와 若至海已하야는 但隨風去하고 不假

인력 이지대해일일소행 비어미지 기
人力하나니 以至大海一日所行으로 比於未至하면 其

미지시 설경백세 역불능급
未至時에 設經百歲라도 亦不能及인달하야

"불자여, 마치 배를 타고 바다에 들어갈 적에, 바다까지 이르지 못하여서는 많은 공력을 써야 하지마는 바다에 들어가서는 바람을 따라다니고 사람의 힘을 빌리지 아니하나니, 바다에 이르러서 하루 동안 행하는 것을 바다에 이르지 못하였을 적에 백 년 동안 가는 것으로도 미치지 못하느니라."

유공용의 수행과 무공용의 수행이 다른 점을 절묘한 비유로써 밝혔다. 배를 저어 바다에 나아가고자 할 때 하천이나 강물에서 끌고 가는 것과 바다에서 바람의 힘으로 저절로 나아가는 것의 차이와 같다고 하였다.

불자 보살마하살 역부여시 적집광대
佛子야 菩薩摩訶薩도 亦復如是하야 積集廣大

선근자량 승대승선 도보살행해 어일
善根資糧하야 乘大乘船하고 到菩薩行海하야 於一

념경 이무공용지 입일체지지경계 본
念頃에 以無功用智로 入一切智智境界하나니 本

유공용행 경어무량백천억나유타겁 소
有功用行은 經於無量百千億那由他劫이라도 所

불능급
不能及이니라

"불자여, 보살마하살도 또한 그와 같아서 광대한 선근의 양식을 모아 대승의 배를 타고서 보살행의 바다에 이르면 잠깐 동안에 공력을 쓰지 않는 지혜[無功用智]로 온갖 지혜의 지혜 경계에 들어가는 것을 본래에 공력을 쓰는 행[本有功用行]으로는 한량없는 백천억 나유타 겁을 지내더라도 미치지 못하느니라."

역시 보살이 닦는 유공용의 수행과 무공용의 수행이 이와 같이 천지현격하다는 것을 거듭 밝혔다.

### 7) 모든 불국토가 청정하다

#### (1) 기세간器世間을 다 알다

불자　보살　주차제팔지　이대방편선교지
佛子야 菩薩이 住此第八地에 以大方便善巧智

소기무공용각혜　관일체지지소행경
의 所起無功用覺慧로 觀一切智智所行境하나니

"불자여, 보살이 제8지에 머물러서는 큰 방편과 교묘한 지혜로 일으킨 공용이 없는 지혜[無功用覺慧]로써 온갖 지혜의 지혜로 행할 경계를 관찰하느니라."

소위관세간성　관세간괴　유차업집고
所謂觀世間成하며 觀世間壞호대 由此業集故로

성　유차업진고　괴　기시성　기시괴　기시
成과 由此業盡故로 壞와 幾時成과 幾時壞와 幾時

성주　기시괴주　개여실지
成住와 幾時壞住를 皆如實知하나니라

"이른바 세간의 이루어짐을 관찰하고 세간이 무너짐을 관찰하며, 이 업이 모임으로써 이루어지고 이 업이

다함으로써 무너지며, 얼마 동안 이루어지고 얼마 동안 무너지며, 얼마 동안 이루어 머물고 얼마 동안 무너져서 머무는 것을 모두 사실대로 아느니라."

청량스님은 소에서 "글을 셋으로 나누어 분별하니 첫째는 기세간器世間의 자재한 행이고, 둘째는 중생세간의 자재한 행이고, 셋째는 지정각智正覺세간의 자재한 행이다. 처음은 교화할 곳이고, 다음은 교화할 바의 대상이고, 뒤는 능히 교화하는 이들이다."[6]라고 하였다. 불국토가 청정함을 밝히는데 먼저 기세간이 이루어지고 무너짐을 설하였다.

기세간이란 물건을 담는 그릇과 같다는 뜻으로 중생과 성인들을 담고 있는 이 지구와 위성의 일체 세계를 말한다. 지구와 일체 위성은 이뤄지고, 머물고, 무너지고, 텅 빈 공으로 돌아가고, 다시 또 이뤄지고, 머물고 하는 과정을 반복한다. 하늘에 떠 있는 무수한 별들은 끊임없이 이 과정을 반복하고 있다. 이와 같은 사실을 보살이 제8지에 머물러서는 큰 방편과 교묘한 지혜로 사실과 같이 다 안다는 것이다.

6) 文分三別 : 一, 器世間自在行. 二, 衆生世間自在行. 三, 智正覺世間自在行. 初是化處, 次是所化, 後是能化.

우지지계 소상대상 무량상차별상 지
又知地界의 小相大相과 無量相差別相하며 知

수화풍계 소상대상 무량상차별상 지미
水火風界의 小相大相과 無量相差別相하며 知微

진 세상차별상 무량차별상 수하세계중
塵의 細相差別相과 無量差別相하며 隨何世界中

소유미진취 급미진차별상 개여실지
하야 所有微塵聚와 及微塵差別相을 皆如實知하며

"또 지대地大 경계[地界]의 작은 모양과 큰 모양과 한량없는 모양과 차별한 모양을 알고, 수대水大, 화대火大, 풍대風大 경계의 작은 모양과 큰 모양과 한량없는 모양과 차별한 모양을 알며, 미세먼지의 미세한 모양과 차별한 모양과 한량없이 차별한 모양을 알며, 어떠한 세계에 있는 미세먼지의 무더기와 미세먼지의 차별한 모양도 모두 사실대로 아느니라."

기세간을 이루고 있는 것은 사대四大 요소로서 지수화풍地水火風이다. 이 사대 요소의 크고 작은 등 한량없는 차별을 부동지 보살은 남김없이 다 안다. 세계에 있는 미세먼지의 무더기와 미세먼지의 차별한 모양도 모두 사실대로 다 안다. 미세먼지란 지구와 기타 모든 위성이 미세먼지가 하나 하나 모여서 이루어졌다는 뜻에서 그와 같이 표현하였다.

수하세계중 소유지수화풍계 각약간미
**隨何世界中**하야 **所有地水火風界**의 **各若干微**
진 소유보물 약간미진 중생신 약간미진
**塵**과 **所有寶物**의 **若干微塵**과 **衆生身**의 **若干微塵**
국토신 약간미진 개여실지
과 **國土身**의 **若干微塵**을 **皆如實知**하며

"어떠한 세계에 있는 지대, 수대, 화대, 풍대의 경계가 각각 얼마만 한 미세먼지인지, 거기 있는 보물의 미세먼지가 얼마인지, 중생의 몸의 미세먼지가 얼마인지, 국토의 미세먼지가 얼마인지를 모두 사실대로 아느니라."

또 어떤 세계든 그 세계의 지수화풍의 모든 요소인 미세먼지와 보물과 중생들 몸의 미세먼지가 얼마나 되는지를 다 안다.

지중생대신소신 각약간미진성 지지옥
知衆生大身小身의 各若干微塵成하며 知地獄

신축생신아귀신아수라신천신인신 각약간미
身畜生身餓鬼身阿修羅身天身人身의 各若干微

진성 득여시지미진차별지
塵成하야 得如是知微塵差別智하며

"중생의 큰 몸과 작은 몸이 각각 얼마의 미세먼지로 이루어졌는가를 알며, 지옥의 몸과 축생의 몸과 아귀의 몸과 아수라의 몸과 하늘의 몸과 인간의 몸이 각각 얼마의 미세먼지로 이루어졌는가를 알아서, 이렇게 미세먼지의 차별을 아는 지혜를 얻느니라."

또 부동지 보살은 중생들의 큰 몸과 작은 몸과 심지어 지옥의 몸과 축생의 몸과 아귀의 몸과 아수라의 몸과 하늘의 몸과 인간의 몸이 각각 얼마의 미세먼지로 이루어졌는가를 다 안다.

우지욕계색계무색계성 지욕계색계무색
又知欲界色界無色界成하며 知欲界色界無色

계괴 지욕계색계무색계소상대상 무량상
界壞하며 知欲界色界無色界小相大相과 無量相

차별상 득여시관삼계차별지
差別相하야 得如是觀三界差別智니라

"또 욕계와 색계와 무색계의 이루어짐을 알고, 욕계와 색계와 무색계의 무너짐을 알며, 욕계와 색계와 무색계의 작은 모양, 큰 모양, 한량없는 모양, 차별한 모양을 알아서 이와 같이 삼계의 차별을 관찰하는 지혜를 얻느니라."

또 욕계와 색계와 무색계의 이루어짐과 무너짐과 작은 모양과 큰 모양과 한량없는 모양과 차별한 모양을 다 안다.

불자 자보살 부기지명 교화중생
佛子야 此菩薩이 復起智明하야 敎化衆生하나니

소위선지중생신차별 선분별중생신 선
所謂善知衆生身差別하며 善分別衆生身하며 善

관찰소생처 수기소응 이위현신 교화
觀察所生處하야 隨其所應하야 而爲現身하야 敎化

성숙
成熟이니라

"불자여, 이 보살이 다시 지혜의 광명을 일으켜서 중생을 교화하느니라. 이른바 중생의 몸이 차별함을 잘 알며, 중생의 몸을 잘 분별하며, 태어나는 곳을 잘 관찰하여 그 마땅한 대로 몸을 나타내어 교화하고 성숙케 하느니라."

제8 부동지 보살이 일체 기세간을 낱낱이 아는 것은 중생을 교화하기 위함이다. 즉 지혜의 광명을 일으켜서 중생의 몸이 차별함을 잘 알며, 중생의 몸을 잘 분별하며, 태어나는 곳을 잘 관찰하여 그 마땅한 대로 몸을 나타내어 교화하고 성숙케 한다.

차보살 어일삼천대천세계 수중생신신해
此菩薩이 於一三千大千世界에 隨衆生身信解

차별 이지광명 보현수생 여시약이약
差別하야 以智光明으로 普現受生하며 如是若二若

삼 내지백천 내지불가설삼천대천세계 수
三과 乃至百千과 乃至不可說三千大千世界에 隨

중생신신해차별 보어기중 시현수생
衆生身信解差別하야 普於其中에 示現受生하나니

차보살 성취여시지혜고 어일불찰 기신부
此菩薩이 成就如是智慧故로 於一佛刹에 其身不

동 내지불가설불찰중회중 실현기신
動하고 乃至不可說佛刹衆會中에 悉現其身이니라

"이 보살이 한 삼천대천세계에서 중생의 몸과 믿고 아는 차별을 따라서 지혜의 광명으로 두루 태어나는 일을 나타내며, 이와 같이 둘이나 셋이나 백천이나 내지 말할 수 없는 삼천대천세계에서 모든 중생의 몸과 믿고 아는 차별을 따라서 그 가운데서 널리 태어남을 나타내느니라. 이 보살이 이러한 지혜를 성취하였으므로 한 부처님의 세계에서 그 몸이 동요하지 아니하고 내지 말할 수 없는 세계의 대중이 모인 가운데서 그 몸을 나타내느니라."

제8 부동지 보살이 중생들을 교화하기 위해서 삼천대천세계에서 중생의 가지가지 몸과 가지가지 믿고 아는 차별을

따라서 지혜의 광명으로 두루 태어나는 일[受生]을 나타낸다. 그뿐만 아니라 백천이나 내지 말할 수 없는 삼천대천세계에서 모든 중생의 몸과 믿고 아는 차별을 따라서 그 가운데서 널리 태어남을 나타낸다. 보살은 중생 교화를 위해서 가지 않는 곳이 없다. 지옥이든 아귀든 축생이든 그들을 제도하기 위해 모두 다 가서 태어나는 것이 보살의 의무다. 기세간에서의 보살의 관점은 이와 같다.

### (2) 중생세간衆生世間을 다 알다

불자 차보살 수제중생 신심신해종종차
**佛子**야 **此菩薩**이 **隨諸衆生**의 **身心信解種種差**

별 어피불국중회지중 이현기신
**別**하야 **於彼佛國衆會之中**에 **而現其身**하나니

"불자여, 이 보살이 중생들의 몸과 마음과 믿음과 아는 일이 갖가지로 차별함을 따라서 그 부처님 나라의 대중 가운데서 몸을 나타내느니라."

소위어사문중중　시사문형　　바라문중중
所謂於沙門衆中에 示沙門形하며 婆羅門衆中

시바라문형　　찰리중중　시찰리형
에 示婆羅門形하며 刹利衆中에 示刹利形하며

"이른바 사문沙門 대중 가운데서는 사문의 형상을 보이고, 바라문 대중 가운데서는 바라문의 형상을 보이고, 찰제리 대중 가운데서는 찰제리의 형상을 나타내느니라."

제8 부동지 보살은 중생세간에서 가지가지 모습을 다 나타내 보인다. 먼저 사문과 바라문과 찰제리 대중을 들었다. 본래 인도의 전통 종교인 힌두교에서 사람을 출신성분에 따라 사성계급四姓階級으로 분류해서 보았다. 사성계급이란 고대 인도에서 힌두교의 관습에 의하여 사람의 신분을 네 계급으로 나누는 것으로서 바라문婆羅門·찰제리刹帝利·폐사吠舍·수타라首陀羅이다. ① 바라문은 종교·문학·전례典禮를 직업으로 하여 가장 높은 자리를 차지하였고 ② 찰제리는 바라문 다음 가는 지위로 무력으로 토전土田·서민庶民을 거느리고 정치를 하는 왕족과 군인 따위를 가리키고 ③ 폐사

는 그 밑에서 상공업에 종사하는 사람들이고 ④ 수타라는 맨 아래 계급으로 농업 · 도살屠殺 등의 천한 직업에 종사하는 이들이다. 또 이 사성계급에도 들지 못하는 불가촉천민不可觸賤民이 있다.

석가모니는 두 번째인 찰제리이다. 사문은 사성계급과 관계없이 출가 수행하는 사람을 통칭해서 부르는 말이다. 힌두교에서 멀리 벗어난 대승불교에서는 사문을 가장 먼저 두었다. 보살은 이 모든 신분에 관계없이 그들을 제도하기 위하여 다 따라서 몸을 나타낸다.

여시비사중 수타중 거사중 사천왕중
**如是毘舍衆**과 **首陀衆**과 **居士衆**과 **四天王衆**과

삼십삼천중 야마천중 도솔타천중 화락천
**三十三天衆**과 **夜摩天衆**과 **兜率陀天衆**과 **化樂天**

중 타화자재천중 마중 범중 내지아가니
**衆**과 **他化自在天衆**과 **魔衆**과 **梵衆**과 **乃至阿迦尼**

타천중중 각수기류 이위현형
**吒天衆中**에 **各隨其類**하야 **而爲現形**하며

"이와 같이 비사 대중, 수타 대중, 거사 대중, 사천왕 대중, 삼십삼천 대중, 야마천 대중, 도솔타천 대중, 화락천 대중, 타화자재천 대중, 마군의 대중, 범천 대중과 내지 아가니타천 대중 가운데서도 각각 그들의 종류를 따라서 형상을 나타내느니라."

또 보살은 사성계급뿐만 아니라 경문에서 밝힌 대로 온갖 대중의 모습을 따라 다 나타낸다. 보살의 중생을 향한 뜨거운 자비심의 표현이다.

우응이성문신득도자 현성문형 응이벽
**又應以聲聞身得度者**는 **現聲聞形**하며 **應以辟**
지불신득도자 현벽지불형 응이보살신득
**支佛身得度者**는 **現辟支佛形**하며 **應以菩薩身得**
도자 현보살형 응이여래신득도자 현여
**度者**는 **現菩薩形**하며 **應以如來身得度者**는 **現如**
래형
**來形**이니라

"또 성문의 몸으로 제도할 이에게는 성문의 형상을 나타내고, 벽지불의 몸으로 제도할 이에게는 벽지불의 형상을 나타내고, 보살의 몸으로 제도할 이에게는 보살의 형상을 나타내고, 여래의 몸으로 제도할 이에게는 여래의 형상을 나타내느니라."

불자 보살 여시어일체불가설불국토중
**佛子**야 **菩薩**이 **如是於一切不可說佛國土中**에

수제중생 신락차별 여시여시이위현신
**隨諸衆生**의 **信樂差別**하야 **如是如是而爲現身**이니라

"불자여, 보살이 이와 같이 일체 말할 수 없는 부처님의 국토에서 온갖 중생들의 믿고 좋아하는 차별을 따라서 이렇게 몸을 나타내느니라."

여러 가지 불교 가운데 가장 이상적인 불교는 보살불교다. 보살불교는 부처가 되고 여래가 되더라도 다시 보살로서 이 세상에서 끝까지 보살행을 펼쳐, 세상 모든 사람들이 정직하고 선량하고 온갖 바라밀을 잘 실천하며 또한 존재의

실상을 깨달아 진리대로 살도록 하고자 노력하는 것이다. 그러므로 그 모든 이들을 그와 같이 되도록 가르치려면 그들과 함께하여야 한다. 지옥, 아귀, 축생에서부터 부처의 모습을 나타내면서까지 천백억화신을 펼쳐 보인다. 이것이 보살이며 이와 같은 것을 가르치는 것이 보살불교다.

### (3) 지정각세간智正覺世間을 다 알다

#### 1〉 십신十身을 밝히다

불자 차보살 원리일체신상분별 주어
佛子야 此菩薩이 遠離一切身想分別하야 住於

평등 차보살 지중생신 국토신 업보신
平等하며 此菩薩이 知衆生身과 國土身과 業報身과

성문신 독각신 보살신 여래신 지신 법
聲聞身과 獨覺身과 菩薩身과 如來身과 智身과 法

신 허공신
身과 虛空身하니라

"불자여, 이 보살은 모든 몸이라는 생각과 분별을 멀리 여의고 평등한 데 머물며, 이 보살이 중생인 몸과 국토인 몸과 업으로 받는 몸과 성문의 몸과 독각의 몸과 보살의 몸과 여래의 몸과 지혜의 몸과 법인 몸과 허공인 몸을 아느니라."

지정각세간은 앞에서 밝힌 두 세간, 즉 교화를 받는 중생세간과 그들이 의지하고 사는 국토(기세간)에 대하여 능히 교화하는 불신佛身을 가리키는 말이다. 부처님은 대지혜가 있어 치우친 견해를 여의고, 세간과 출세간의 만법을 환히 알기 때문에 지정각세간이라 한다. 그러므로 부처님의 몸은 열 가지로 나타나는데 제8 부동지 보살은 그 열 가지 몸[十身]을 다 잘 안다.

2〉 십신十身이 자재하다

차보살 지제중생심지소락 능이중생신

**此菩薩**이 **知諸衆生心之所樂**하야 **能以衆生身**

작자신 역작국토신 업보신 내지허공

으로 **作自身**하고 **亦作國土身**과 **業報身**과 **乃至虛空**

신
身하며

"이 보살이 모든 중생들의 마음에 좋아함을 알고는 능히 중생인 몸으로써 자기의 몸을 짓기도 하고, 국토인 몸과 업으로 받는 몸과 내지 허공인 몸을 짓기도 하느니라."

보살은 중생들이 좋아하는 일이라면 중생의 몸으로써 자기의 몸을 짓기도 하고, 국토인 몸과 업으로 받는 몸과 내지 허공인 몸을 짓기도 한다. 실로 보살은 자신의 고정된 몸이 없다. 열 가지 몸이 그대로 보살의 몸이다. 국토도 업보도 허공도 모두가 보살의 몸이다.

우지중생심지소락 능이국토신 작자
**又知衆生心之所樂**하야 **能以國土身**으로 **作自**

신 역작중생신 업보신 내지허공신
**身**하고 **亦作衆生身**과 **業報身**과 **乃至虛空身**하며

"또 중생들의 마음에 좋아함을 알고는 능히 국토인 몸

으로써 자기의 몸을 짓기도 하고, 중생인 몸과 업으로 받는 몸과 내지 허공인 몸을 짓기도 하느니라."

다시 또 반복한다. 국토가 보살의 몸이며, 중생이 보살의 몸이며, 허공이 보살의 몸이다.

우지제중생심지소락 능이업보신 작
**又知諸衆生心之所樂**하야 **能以業報身**으로 **作**
자신 역작중생신 국토신 내지허공신
**自身**하고 **亦作衆生身**과 **國土身**과 **乃至虛空身**하며

"또 중생들의 마음에 좋아함을 알고는 능히 업으로 받는 몸으로써 자기의 몸을 짓기도 하고, 중생인 몸과 국토인 몸과 내지 허공인 몸을 짓기도 하느니라."

중생들이 업보를 좋아하면 보살은 업보로 몸을 삼는다. 국토와 허공도 또한 보살의 몸이 된다. 보살은 고정된 몸이 없다. 모든 것이 보살의 몸이다.

우지중생심지소락 능이자신 작중생
又知衆生心之所樂하야 能以自身으로 作衆生

신 국토신 내지허공신 수제중생 소락
身과 國土身과 乃至虛空身하나니 隨諸衆生의 所樂

부동 즉어차신 현여시형
不同하야 則於此身에 現如是形이니라

"또 중생들의 마음에 좋아하는 바를 알고는 능히 자기의 몸으로 중생들의 몸과 국토인 몸과 내지 허공인 몸을 짓나니, 모든 중생들의 좋아함이 같지 아니함을 따라서 이 몸으로 이와 같은 형상을 다 나타내느니라."

보살은 또 중생들이 좋아함을 따라서 중생과 국토와 허공의 몸을 짓는 등 가지가지를 따라서 그 몸을 다 나타낸다. 열 가지 몸이 자유자재한 것이 이와 같다.

### 3〉 십신十身의 차별

차보살 지중생 집업신 보신 번뇌신
此菩薩이 知衆生의 集業身과 報身과 煩惱身과

색신　무색신
**色身**과 **無色身**하며

"이 보살이 중생들의 업이 모인 몸[集業身]과 갚아진 몸[報身]과 번뇌의 몸[煩惱身]과 형상 있는 몸[色身]과 형상 없는 몸[無色身]을 아느니라."

중생에게도 업으로 모인 몸과 과보로 받은 몸과 형색이 있는 몸과 형색이 없는 몸의 차별이 있는데 보살은 그것을 다 안다.

우지국토신　소상대상　무량상　염상정상
**又知國土身**의 **小相大相**과 **無量相**과 **染相淨相**과

광상　도주상　정주상　보입상　방망차별상
**廣相**과 **倒住相**과 **正住相**과 **普入相**과 **方網差別相**하며

"또 국토인 몸의 작은 모양, 큰 모양, 한량없는 모양, 더러운 모양, 깨끗한 모양, 넓은 모양, 거꾸로 있는 모양, 바로 있는 모양, 널리 들어간 모양, 사방으로 그

물처럼 차별한 모양을 아느니라."

또 국토의 몸이 여러 가지로 차별한 모양을 다 잘 아는 것을 밝혔다.

지업보신 가명차별 지성문신 독각신
**知業報身**의 **假名差別**하며 **知聲聞身**과 **獨覺身**과

보살신 가명차별
**菩薩身**의 **假名差別**하며

"업으로 갚아진 몸이 거짓 이름으로 차별한[假名差別] 것을 알며, 성문의 몸과 독각의 몸과 보살의 몸이 거짓 이름으로 차별한 것을 아느니라."

또 업보의 몸이 차별한 것과 성문과 독각과 보살의 몸이 차별한 것을 아는 것을 밝혔다.

지여래신 유보리신 원신 화신 역지신
**知如來身**의 **有菩提身**과 **願身**과 **化身**과 **力持身**

상호장엄신 위세신 의생신 복덕신 법
과 相好莊嚴身과 威勢身과 意生身과 福德身과 法

신 지신
身과 智身하며

"여래의 몸에 보리의 몸[菩提身], 서원의 몸[願身], 변화한 몸[化身], 힘으로 유지하는 몸[力持身], 상호로 장엄한 몸[相好莊嚴身], 위엄과 세력 있는 몸[威勢身], 뜻대로 나는 몸[意生身], 복덕의 몸, 법의 몸, 지혜의 몸이 있음을 아느니라."

또 여래에게 있는 여러 가지 몸을 아는 것을 밝혔다. 특히 뜻대로 나는 몸[意生身]이란 의성신意成身이라고도 하는데 마음을 내어 어떤 몸으로 나타내고자 하면 그 몸이 뜻대로 나타나는 몸이다. 부동지 보살은 이와 같은 몸을 다 아는 능력이 있다.

지지신 선사량상 여실결택상 과행소섭
知智身의 善思量相과 如實決擇相과 果行所攝

상 세간출세간차별상 삼승차별상 공상불
相과 世間出世間差別相과 三乘差別相과 共相不

공상 출리상비출리상 학상무학상
共相과 出離相非出離相과 學相無學相하며

"지혜의 몸에 잘 생각하는 모양, 사실대로 결정하는 모양, 결과와 행에 거두어진 모양, 세간과 출세간의 차별한 모양, 삼승이 차별한 모양, 함께하는 모양, 함께하지 않는 모양, 뛰어난 모양, 뛰어나지 않은 모양, 배우는 모양, 배울 것 없는 모양을 아느니라."

또 지혜의 몸에도 여러 가지 모양이 있음을 밝혔다. 이 여러 가지 모양을 보살은 다 잘 안다.

지법신 평등상 불괴상 수시수속가명차
知法身의 平等相과 不壞相과 隨時隨俗假名差

별상 중생비중생법차별상 불법성승법차
別相과 衆生非衆生法差別相과 佛法聖僧法差

별상
別相하며

"법의 몸에 평등한 모양, 깨뜨릴 수 없는 모양, 때를 따르고 세속을 따라 거짓 이름이 차별한 모양, 중생과 중생 아닌 법의 차별한 모양, 부처님의 법과 거룩한 스님의 법이 차별한 모양을 아느니라."

또 법신에도 여러 가지 차별한 모양이 있음을 밝혔다. 이 모든 차별한 모양을 보살은 모두 잘 안다.

지허공신 무량상 주변상 무형상 무이
**知虛空身**의 **無量相**과 **周徧相**과 **無形相**과 **無異**

상 무변상 현현색신상
**相**과 **無邊相**과 **顯現色身相**이니라

"허공인 몸에 한량없는 모양, 두루 한 모양, 형상 없는 모양, 다르지 않은 모양, 그지없는 모양, 형상 몸을 나타내는 모양을 아느니라."

중생의 몸과 국토의 몸과 업보의 몸과 여래의 몸과 지혜의 몸과 법의 몸과 허공의 몸에 각각 차별한 여러 가지 모양이 있고, 그것을 보살이 다 잘 아는 것을 모두 밝혔다.

### 8) 열 가지의 자재

불자 보살 성취여시신지이 득명자재
佛子야 菩薩이 成就如是身智已에 得命自在와

심자재 재자재 업자재 생자재 원자재
心自在와 財自在와 業自在와 生自在와 願自在와

해자재 여의자재 지자재 법자재
解自在와 如意自在와 智自在와 法自在하나니라

"불자여, 보살이 이러한 몸의 지혜를 성취하고는 목숨에 자유롭고, 마음에 자유롭고, 재물에 자유롭고, 업에 자유롭고, 나는 데 자유롭고, 서원에 자유롭고, 아는 데 자유롭고, 뜻대로 하는 데 자유롭고, 지혜에 자유롭고, 법에 자유로움을 얻느니라."

제8 부동지 보살이 위와 같은 몸의 지혜를 성취하고는 열 가지 자유자재한 경계를 얻게 됨을 밝혔다. 제8지 보살의 법

력이 뛰어남을 분명하게 나타내었다.

### 9) 지혜와 업과 힘의 수승함

득차십자재고 즉위부사의지자 무량지자
**得此十自在故**로 **則爲不思議智者**와 **無量智者**

광대지자 무능괴지자
와 **廣大智者**와 **無能壞智者**니라

"이 열 가지 자유로움을 얻었으므로 헤아릴 수 없이 지혜로운 이, 한량없이 지혜로운 이, 넓고 크게 지혜로운 이, 깨뜨릴 수 없이 지혜로운 이가 되느니라."

열 가지 자재를 얻고는 헤아릴 수 없이 지혜로운 보살, 한량없이 지혜로운 보살, 넓고 크게 지혜로운 보살, 깨뜨릴 수 없이 지혜로운 보살이 됨을 밝혔다.

차보살 여시입이 여시성취이 득필경
**此菩薩**이 **如是入已**하며 **如是成就已**에 **得畢竟**

무과실신업 무과실어업 무과실의업 신
無過失身業과 無過失語業과 無過失意業하야 身

어의업 수지혜행
語意業이 隨智慧行하며

"이 보살이 이와 같이 들어가고, 이와 같이 성취하고는 끝까지 허물없는 몸의 업과 허물없는 말의 업과 허물없는 뜻의 업을 얻으며, 몸과 말과 뜻으로 짓는 업이 지혜를 따라 행하느니라."

보살이 열 가지 자재를 얻고 깨뜨릴 수 없이 지혜로운 보살이 되어 다시 몸과 말과 뜻의 업에 철저히 허물이 없음을 얻어서 지혜를 따라 행함을 밝혔다.

반야바라밀 증상 대비위수 방편선교
般若波羅蜜이 增上에 大悲爲首하야 方便善巧로

선능분별 선기대원 불력소호 상근수습
善能分別하며 善起大願하야 佛力所護며 常勤修習

이중생지 보주무변차별세계
利衆生智하야 普住無邊差別世界하나니

"반야바라밀다가 늘어나고 크게 가엾이 여기는 마음이 머리가 되어 공교한 방편으로 잘 분별하며, 큰 서원을 일으키고 부처님의 힘으로 보호함이 되어, 중생을 이익되게 할 지혜를 항상 부지런히 닦으며, 그지없이 차별한 세계에 널리 머무느니라."

반야가 증장하면 큰 자비가 우선이 되어 선교 방편으로 보살이 해야 할 일을 잘 분별한다. 그래서 큰 서원을 세워 부처님의 힘으로 보호함이 되어 중생을 이익되게 할 지혜를 항상 부지런히 닦는다.

불자 거요언지 보살 주차부동지 신어
**佛子**야 **擧要言之**컨댄 **菩薩**이 **住此不動地**에 **身語**

의업 제유소작 개능적집일체불법
**意業**의 **諸有所作**이 **皆能積集一切佛法**이니라

"불자여, 중요함을 들어 말하면 보살이 이 부동지에 머물러서는 몸과 말과 뜻의 업으로 하는 일이 모두 일체 부처님의 법을 쌓아 모으느니라."

보살의 몸과 말과 뜻의 업으로 하는 일이 모두 일체 부처님의 법을 쌓아 모으는 일이라는 것은 부처님의 일이 보살의 일이고 보살의 일이 곧 부처님의 일이라는 뜻이다.

불자 보살 주차지 득선주심심력 일
佛子야 菩薩이 住此地에 得善住深心力하나니 一
체번뇌 불행고
切煩惱가 不行故며

"불자여, 보살이 이 지위에 머물고는 잘 머문 깊은 마음의 힘을 얻나니, 모든 번뇌가 행하지 않는 연고이니라."

보살이 제8지에서 열 가지 잘 머무는 힘을 얻음을 밝혔다. 먼저 잘 머문 깊은 마음의 힘을 얻는데 일체 번뇌가 행하지 않기 때문이다. 즉 번뇌가 움직이지 않으므로 깊은 마음의 힘을 얻은 것이다.

득선주승심력　　불리어도고
**得善住勝心力**하나니 **不離於道故**며

"잘 머문 훌륭한 마음의 힘을 얻나니, 도道를 여의지 않는 연고이니라."

보살은 도를 떠나지 않고 늘 도에 머물기 때문에 수승한 마음의 힘을 얻는다.

득선주대비력　　불사이익중생고
**得善住大悲力**하나니 **不捨利益衆生故**며

"잘 머문 대비大悲의 힘을 얻나니, 중생을 이익하게 하기를 버리지 않는 연고이니라."

보살은 또 중생을 이익하게 하려는 일을 버리지 않기 때문에 대비의 힘을 얻는다. 자나 깨나 중생을 이익하게 하려는 마음이 곧 대비의 힘이다.

득선주대자력　　　구호일체세간고
**得善住大慈力**하나니 **救護一切世間故**며

"잘 머문 대자大慈의 힘을 얻나니, 모든 세간을 구호하는 연고이니라."

보살은 모든 세간을 구호하기 때문에 대자大慈의 힘을 얻는다.

득선주다라니력　　　불망어법고
**得善住陀羅尼力**하나니 **不忘於法故**며

"잘 머문 다라니의 힘을 얻나니, 법을 잊지 않는 연고이니라."

득선주변재력　　　선관찰분별일체법고
**得善住辯才力**하나니 **善觀察分別一切法故**며

"잘 머문 변재辯才의 힘을 얻나니, 모든 법을 잘 관찰하여 분별하는 연고이니라."

득선주신통력　　보왕무변세계고
得善住神通力하나니 普往無邊世界故며

"잘 머문 신통의 힘을 얻나니, 그지없는 세계에 널리 가는 연고이니라."

득선주대원력　　불사일체보살소작고
得善住大願力하나니 不捨一切菩薩所作故며

"잘 머문 큰 서원의 힘을 얻나니, 모든 보살의 지을 것을 버리지 않는 연고이니라."

득선주바라밀력　　성취일체불법고
得善住波羅蜜力하나니 成就一切佛法故며

"잘 머문 바라밀다의 힘을 얻나니, 모든 불법을 성취하는 연고이니라."

득여래호념력　　일체종일체지지　현전
得如來護念力하나니 一切種一切智智가 現前

고
故라

"여래의 호념하시는 힘을 얻나니, 갖가지 지혜의 지혜가 앞에 나타나는 연고이니라."

차보살 득여시지력 능현일체제소작사
此菩薩이 得如是智力하야 能現一切諸所作事

어제사중 무유과구
호대 於諸事中에 無有過咎니라

"이 보살이 이와 같은 지혜의 힘을 얻고는 모든 지어야 할 일을 능히 나타내며 모든 일에 허물이 없느니라."

이와 같이 제8지에서 열 가지 잘 머무는 지혜의 힘을 얻음을 모두 밝혔다. 이 힘으로 일체 지어야 할 일을 능히 나타내며 모든 일에 허물이 없다. 만약 중생을 교화하고 조복하는 데 이와 같은 지혜의 힘이 없으면 허물이 있고 모순이 있어서 온갖 원망을 듣게 된다.

### 10) 제8지의 열 가지 이름

불자 차보살지지 명위부동지 무능저괴
**佛子**야 **此菩薩智地**가 **名爲不動地**니 **無能沮壞**

고 명위불퇴전지 지혜무퇴고 명위난득지
**故**며 **名爲不退轉地**니 **智慧無退故**며 **名爲難得地**니

일체세간 무능측고 명위동진지 이일체과
**一切世間**이 **無能測故**며 **名爲童眞地**니 **離一切過**

실고 명위생지 수락자재고
**失故**며 **名爲生地**니 **隨樂自在故**며

"불자여, 이 보살의 지혜의 지위[智地]를 부동지라 이름하나니 깨뜨릴 수 없는 연고며, 물러나지 않는 지地라 이름하나니 지혜가 물러나지 않는 연고며, 얻기 어려운 지라 이름하나니 일체 세간에서 헤아릴 수 없는 연고며, 동진지童眞地라 이름하나니 모든 허물을 여의는 연고며, 내는 지[生地]라 이름하나니 따라 즐거워함이 자유로운 연고이니라."

제8 부동지는 제7지와는 현격한 차이가 있어서 열 가지 이름으로 그 뜻을 더욱 잘 나타낸다. 움직이지 않는 지地며,

퇴전하지 않는 지며, 얻기 어려운 지며, 어려서 천진난만한 지며, 무엇을 내는 지 등이다.

명위성지 갱무소작고 명위구경지 지혜
**名爲成地**니 **更無所作故**며 **名爲究竟地**니 **智慧**

결정고 명위변화지 수원성취고 명위력지
**決定故**며 **名爲變化地**니 **隨願成就故**며 **名爲力持**

지 타불능동고 명위무공용지 선이성취고
**地**니 **他不能動故**며 **名爲無功用地**니 **先已成就故**

니라

"이루어진 지地라 이름하나니 다시 지을 것이 없는 연고며, 구경지究竟地라 이름하나니 지혜가 결정한 연고며, 변화하는 지라 이름하나니 소원을 따라 성취하는 연고며, 힘으로 유지하는 지[力持地]라 이름하나니 다른 이가 동動하지 못하는 연고며, 힘의 작용이 없는 지[無功用地]라 이름하나니 이미 성취한 연고이니라."

또 이루어진 지地며, 구경의 지며, 변화하는 지며, 힘으로 유지하는 지며, 힘의 작용이 없는 지라고도 한다.

### 11) 제8지에서 성취하는 능력

불자 보살 성취여시지혜 입불경계 불
佛子야 菩薩이 成就如是智慧에 入佛境界하며 佛

공덕조 순불위의 불경현전 상위여래
功德照하며 順佛威儀하며 佛境現前하야 常爲如來

지소호념 범석사왕 금강역사 상수시위
之所護念하며 梵釋四王과 金剛力士가 常隨侍衛

항불사리제대삼매 능현무량제신차별
하며 恒不捨離諸大三昧하며 能現無量諸身差別

어일일신 유대세력 보득신통 삼매
호대 於一一身에 有大勢力하며 報得神通하며 三昧

자재 수유가화중생지처 시성정각
自在하며 隨有可化衆生之處하야 示成正覺하나니라

"불자여, 보살이 이와 같은 지혜를 이루고는 부처님의 경계에 들어가며, 부처님의 공덕을 비춰 보며, 부처님의 위의威儀를 따르며, 부처님의 경지가 앞에 나타나며, 항상 여래의 호념하심이 되며, 범천과 제석천과 사천왕과 금강역사가 항상 따라 모시고 호위하며, 여러 큰 삼매를 떠나지 아니하며, 한량없는 여러 가지 몸의 차별함을 나타내며, 낱낱 몸마다 큰 세력이 있으며, 과보로 신통을 얻으며, 삼매에 자유로우며, 교화할 중생이 있는 데를 따라서 바른 깨달음[正覺]을 이룸을 보이느니라."

보살이 지혜를 이루면 부처님의 경계에 들어가게 되는데 부처님의 경계에 들어간 것이란 부처님의 공덕을 비춰 보며, 부처님의 위의를 따르며, 부처님의 경지가 앞에 나타나며, 항상 여래의 호념하심이 되며, 범천과 제석천과 사천왕과 금강역사가 항상 따라 모시고 호위하는 것 등이다. 제8지 보살의 법력은 이와 같다.

불자 보살 여시입대승회 획대신통
佛子야 菩薩이 如是入大乘會하야 獲大神通하며
방대광명 입무애법계 지세계차별 시
放大光明하며 入無礙法界하며 知世界差別하며 示
현일체제대공덕 수의자재 선능통달전
現一切諸大功德하며 隨意自在하며 善能通達前

제후제　　보복일체마사지도　　심입여래소
際後際하며 普伏一切魔邪之道하며 深入如來所

행경계　　어무량국토　수보살행　　이능획
行境界하며 於無量國土에 修菩薩行하야 以能獲

득불퇴전법　　시고설명주부동지
得不退轉法일새 是故說名住不動地니라

"불자여, 보살이 이와 같이 대승大乘의 모임에 들어가서 큰 신통을 얻으며, 큰 광명을 놓으며, 걸림이 없는 법계에 들어가며, 세계의 차별함을 알며, 모든 큰 공덕을 나타내며, 마음대로 자유로우며, 앞세상 뒷세상을 잘 통달하며, 일체 마군과 삿된 도를 굴복시키며, 여래의 행하시는 경지에 깊이 들어가며, 한량없는 국토에서 보살의 행을 닦아서 물러나지 않는 법을 얻었으므로 부동지에 머물렀다고 이름하느니라."

또 제8지 보살은 이와 같이 대승의 모임[大乘會]에 들어가서 큰 신통을 얻으며, 큰 광명을 놓으며, 걸림이 없는 법계에 들어간다.

## 12) 부동지不動地의 공과

### (1) 조화롭고 유연한 공과

불자　보살　주차부동지이　이삼매력　상
佛子야 菩薩이 住此不動地已에 以三昧力으로 常

득현견무량제불　항불사리　승사공양
得現見無量諸佛하야 恒不捨離하야 承事供養하며

"불자여, 보살이 이 부동지에 머물고는 삼매의 힘으로써 한량없는 모든 부처님을 항상 친견하며, 항상 떠나지 않고 받들어 섬기며 공양하느니라."

부동지에 머문 공과를 밝힌 내용 중에 먼저 조화롭고 유연한 공과다. 삼매의 힘으로 한량없는 모든 부처님을 항상 친견하며, 친견하고는 떠나지 않고 받들어 섬기며 공양한다. 즉 모든 사람과 일체 생명을 부처님으로 받들어 섬기며 공양하는 안목을 얻은 것이다.

차보살 어일일겁 일일세계 견무량백불
**此菩薩**이 **於一一劫**과 **一一世界**에 **見無量百佛**과

무량천불 내지무량백천억나유타불 공경
**無量千佛**과 **乃至無量百千億那由他佛**하야 **恭敬**

존중 승사공양 일체자생 실이봉시
**尊重**하고 **承事供養**하야 **一切資生**을 **悉以奉施**하며

"이 보살이 낱낱 겁마다 낱낱 세계에서 한량없는 백 부처님과 한량없는 천 부처님과 내지 한량없는 백천억 나유타 부처님을 친견하고, 공경하고 존중하며 받들어 섬기고 공양하며, 온갖 생활용품을 모두 이바지하며 받드느니라."

모든 사람과 일체 생명을 부처님으로 보아 받들어 섬기는 데 끝나지 않고 공양 공경 존중 찬탄하며 온갖 생활용품을 모두 이바지한다. 이것이 친견하고 섬기는 일의 완성이다.

어제불소 득어여래심심법장 수세계차
於諸佛所에 得於如來甚深法藏하고 受世界差

별등무량법명 약유문난세계차별 여시
別等無量法明하야 若有問難世界差別이라도 如是

등사 무능굴자
等事에 無能屈者하며

"모든 부처님 계신 곳에서 여래의 깊고 깊은 법장法藏을 얻고, 차별한 세계들과 같은 한량없는 법을 밝게 앎을 받았으므로 만약 세계의 차별함을 묻는 이가 있더라도 그런 일로는 능히 굽힐 이가 없느니라."

제8 부동지에 머문 보살은 모든 부처님, 즉 존재의 실상을 바르게 깨달은 무수한 여래로부터 깊고 깊은 법의 곳집을 얻고 차별한 세계들과 같은 한량없는 법을 밝게 앎을 받았으므로 누가 어떤 세계의 차별함을 묻는다 하더라도 그것으로 굽힐 이가 없다. 오히려 물어 오기를 기다리는 것이다.

여시경어무량백겁 무량천겁 내지무량
如是經於無量百劫과 無量千劫과 乃至無量

백천억나유타겁 소유선근 전증명정
百千億那由他劫토록 所有善根이 轉增明淨하나니

"이와 같이 한량없는 백겁과 한량없는 천겁과 내지 한량없는 백천억 나유타 겁을 지내도록 닦은 바의 선근이 더욱 밝고 청정하여지느니라."

제8 부동지에 머문 보살이 닦은 선근은 결코 물러나지 않고 앞으로 나아갈수록 저절로 더욱 밝고 청정하여진다. 무공용의 수행이란 이와 같다.

비여진금 치작보관 치염부제주성왕
譬如眞金으로 治作寶冠하야 置閻浮提主聖王

정상 일체신민 제장엄구 무여등자
頂上에 一切臣民의 諸莊嚴具가 無與等者인달하야

차지보살 소유선근 역부여시 일체이승
此地菩薩의 所有善根도 亦復如是하야 一切二乘

내지제칠지보살 소유선근 무능급자 이
과 乃至第七地菩薩의 所有善根이 無能及者니 以

주차지대지광명 보멸중생 번뇌흑암 선
住此地大智光明이 普滅衆生의 煩惱黑闇하고 善

능개천지혜문고
能開闡智慧門故니라

"비유컨대 진금眞金으로 보배 관을 만들어 염부제 주인인 성스러운 왕이 머리에 쓰면 모든 신하들의 장엄거리로는 같을 이가 없느니라. 이 지위의 보살이 가진 선근도 또한 이와 같아서 모든 이승二乘이나 내지 제7지 보살이 가진 선근으로는 미칠 수 없느니라. 이 지위에 머물러서는 큰 지혜의 광명으로 중생들의 캄캄한 번뇌를 널리 소멸하고 지혜의 문을 능히 활짝 여는 까닭이니라."

진금으로 보배 관을 만들어 염부제 주인인 왕이 쓰면 모든 신하들의 장엄거리로는 같을 이가 없는 것에 비유하였다. 유공용의 수행과 무공용의 수행이 이와 같이 현격하게 차별함을 밝혔다.

불자 비여천세계주대범천왕 능보운자심
佛子야 譬如千世界主大梵天王이 能普運慈心

보방광명 만천세계 차지보살 역
하며 普放光明하야 滿千世界인달하야 此地菩薩도 亦

부여시 능방광명 조백만불찰미진수세계
復如是하야 能放光明하야 照百萬佛刹微塵數世界

영제중생 멸번뇌화 이득청량
하야 令諸衆生으로 滅煩惱火하고 而得淸凉이니라

"불자여, 비유하면 마치 일천 세계의 주인인 대범천왕이 자비한 마음을 널리 운전하려고 광명을 두루 놓아서 일천 세계에 가득하나니, 이 지위의 보살도 이와 같아서 광명을 놓아 백만 세계의 작은 먼지 수 같은 세계를 비추어 모든 중생들로 하여금 번뇌의 불길을 소멸하고 서늘하게 하느니라."

제8 지위의 보살이 광명을 놓아 백만 세계의 작은 먼지 수 같은 세계를 비추어 모든 중생들로 하여금 번뇌의 불길을 소멸하고 서늘하게 하는 것을 일천 세계의 주인인 대범천왕이 광명을 두루 놓아서 일천 세계에 가득히 비추는 것과 같다고 하였다. 보살의 자비가 얼마나 통쾌한가.

차보살 십바라밀중 원바라밀 증상
**此菩薩**이 **十波羅蜜中**에 **願波羅蜜**이 **增上**하니

여바라밀 비불수행 단수력수분 시명
**餘波羅蜜**은 **非不修行**이로대 **但隨力隨分**이니라 **是名**

약설제보살마하살 제팔부동지 약광설자
**略說諸菩薩摩訶薩**의 **第八不動地**니 **若廣說者**인댄

경무량겁 불가궁진
**經無量劫**이라도 **不可窮盡**이니라

"이 보살이 열 가지 바라밀다 중에는 서원誓願바라밀다가 더욱 느나니, 다른 바라밀다를 닦지 않는 것은 아니지마는 힘을 따르고 분한을 따를 뿐이니라. 이것을 보살마하살의 제8 부동지를 간략히 설함이라 하거니와, 만일 널리 말하자면 한량없는 겁을 지나더라도 다할 수 없느니라."

십지에서 각각 십바라밀을 수행하는데 주主바라밀과 조助바라밀이 있다. 제8지에서는 서원바라밀이 주바라밀이고 나머지는 조바라밀이다. 모든 지위가 늘 같다. 모든 불자들도 평소에 주바라밀과 조바라밀을 정하여 치우치지 말고 골고루 수행하여야 한다.

(2) 과보를 거두는 공과

불자 보살마하살 주차지 다작대범천왕
佛子야 菩薩摩訶薩이 住此地에 多作大梵天王

주천세계 최승자재 선설제의 능
하야 主千世界하야 最勝自在하며 善說諸義하야 能

여성문벽지불제보살 바라밀도
與聲聞辟支佛諸菩薩의 波羅蜜道하며

"불자여, 보살마하살이 이 지위에 머물러서는 흔히 대범천왕이 되어 일천 세계를 주관하며, 가장 수승하고 자유롭게 여러 이치를 말하여 성문이나 벽지불에게 보살의 바라밀다를 일러 주느니라."

제8지 보살이 세속에서는 흔히 대범천왕이 되어 일천 세계를 주관하게 된다. 일천 세계를 주관하면서 무엇을 가르치는가. 모든 백성과 소승 성문이나 연각들에게 보살이 행하는 육바라밀과 십바라밀과 사섭법과 사무량심과 십선과 인의예지를 일러 준다. 이것이 천왕이 할 일이다. 어렵게 한 나라의 대통령이 되어서 앞의 대통령이 부르던 '경제성장의 노래'를 똑같이 부른다면 무슨 의미가 있겠는가. 수십 년을 지켜봐 왔지만 우리나라 대통령은 언제나 그와 같다. 남이 부르던 노래를 부르려고 그토록 대통령이 되고자 하였던가. 안타까운 일이다.

약유문난세계차별 무능퇴굴 보시애
**若有問難世界差別**이라도 **無能退屈**하며 **布施愛**

어이행동사 여시일체제소작업 개불리
**語利行同事**하나니 **如是一切諸所作業**이 **皆不離**

염불 내지불리염일체종 일체지지
**念佛**하며 **乃至不離念一切種**과 **一切智智**니라

"만일 세계의 차별을 묻는 이가 있더라도 보살을 능히 물러서게 하지 못하느니라. 보시를 하고, 좋은 말을 하고, 이익한 행을 하고, 일을 함께하느니라. 이와 같이 여러 가지 짓는 업이 다 부처님을 생각함을 떠나지 아니하며 내지 갖가지 지혜와 온갖 지혜의 지혜를 생각함을 떠나지 아니하느니라."

수많은 보살행 중에서 보시와 애어와 이행과 동사라는

사섭법이 중생 제도에는 가장 뛰어나다. 그래서 십지품에 자주 등장한다. 그러나 불교의 수많은 수행 방편 중에서 하나만 선택하라면 단연 보시다. 보시 한 가지만 잘 실천해도 일체 수행이 그 안에 다 포섭된다. '관심일법觀心一法이 총섭제행總攝諸行'이 아니라 '보시일법布施一法이 총섭제행'이다. 그것을 보시선布施禪이라 한다. 보시에는 법시와 재시와 무외시와 무재칠시無財七施가 있어서 그 또한 만수滿數인 열 가지이다.

보살이 또 사섭법을 잘 행하더라도 부처님과 부처님 가르침과 부처님 가르침을 따르는 대중과 일체 지혜를 생각하는 마음이 없으면 완전한 불자의 수행이 아니다. 그러므로 떠나지 않기를 권한다. 이것이 네 가지 믿음이다.

부작시념 아당어일체중생중 위수 위승 내지위일체지지의지자

**復作是念**호대 **我當於一切衆生中**에 **爲首**며 **爲勝**이며 **乃至爲一切智智依止者**라하나니

"또 생각하기를 '내가 중생들 가운데 머리가 되고,

수승한 이가 되고, 내지 온갖 지혜의 지혜에 의지함이 되리라.' 라고 하느니라."

차보살 약이발기대정진력 어일념경
**此菩薩**이 **若以發起大精進力**인댄 **於一念頃**에
득백만삼천대천세계미진수삼매 내지시현
**得百萬三千大千世界微塵數三昧**하며 **乃至示現**
백만삼천대천세계미진수보살 이위권속
**百萬三千大千世界微塵數菩薩**로 **以爲眷屬**이니라

"이 보살이 만일 크게 정진하는 힘을 내면 잠깐 동안에 백만 삼천대천세계의 작은 먼지 수 같은 삼매를 얻으며 내지 백만 삼천대천세계의 작은 먼지 수 보살로 권속을 삼느니라."

부동지 보살의 염원이다. 중생들 가운데 머리가 되고, 수승한 이가 되고, 내지 온갖 지혜의 지혜에 의지함이 되어 일체 중생을 교화할 것을 생각한다. 또 만약 크게 정진하는 힘을 내면 잠깐 동안에 백만 삼천대천세계의 작은 먼지 수 같

은 삼매를 얻는 등의 과보를 거두는 공과가 있다.

### (3) 원력과 지혜의 공과

약 이 보 살 수 승 원 력　　자 재 시 현　　과 어 시
**若以菩薩殊勝願力**으로 **自在示現**인댄 **過於是**

수　　내 지 백 천 억 나 유 타 겁　　불 능 수 지
**數**하야 **乃至百千億那由他劫**에도 **不能數知**니라

"만일 보살의 수승한 원력으로 자유롭게 나타내면 이 수보다 훨씬 많아서 내지 백천억 나유타 겁에도 세어서 알지 못하느니라."

## 13) 게송으로 그 뜻을 거듭 설하다

### (1) 부동지의 행行

#### 1〉 방편을 닦다

이 시　　금 강 장 보 살　　욕 중 선 기 의　　이 설 송
**爾時**에 **金剛藏菩薩**이 **欲重宣其義**하사 **而說頌**

왈
日

그때에 금강장보살이 그 뜻을 다시 펴려고 게송으로 말하였습니다.

칠지수치방편혜 선집조도대원력
七地修治方便慧하고 善集助道大願力하며

부득인존소섭지 위구승지등팔지
復得人尊所攝持하야 爲求勝智登八地로다

제7지에서 방편 지혜 닦아 행하며
도道를 돕는 큰 원력을 잘 모았고
세존의 거둬 주심 다시 얻어서
더 수승한 지혜 구하려고 제8지에 올랐도다.

공덕성취항자민 지혜광대등허공
功德成就恒慈愍하며 智慧廣大等虛空이라

공덕을 성취하여 늘 자비하며

지혜가 넓고 크기 허공 같도다.

제7지에서 수행한 내용을 밝히고, 다시 더 수승한 지혜를 구하려고 제8지에 올라 공덕을 성취하고, 자비심과 연민심이 항상하며 지혜가 넓고 크기가 허공과 같다고 하였다.

### 2〉 무생법인無生法忍을 얻다

문 법 능 생 결 정 력　　시 즉 적 멸 무 생 인
聞法能生決定力하니　是則寂滅無生忍이로다

법을 듣고 결정한 힘을 능히 내나니
이것이 적멸한 무생의 법인[無生法忍]이라.

지 법 무 생 무 기 상　　무 성 무 괴 무 진 전
知法無生無起相하며　無成無壞無盡轉하며
이 유 평 등 절 분 별　　초 제 심 행 여 공 주
離有平等絶分別하야　超諸心行如空住로다

법은 생김도 없고 일어남도 없으며

이루고 파괴하고 다함도 없음을 알아
생사[有]를 떠나 평등하고 분별도 없어
마음 작용 초월하여 허공같이 머물도다.

무생법인無生法忍이란 불생불멸하는 진여법성을 인지忍知하고, 거기에 안주하여 움직이지 않는 것이다. 보살이 제7지나 제8지나 제9지에서 얻는 깨달음이다. 법은 생김도 없고 일어남도 없으며, 이루고 파괴하고 다함도 없음을 아는 경지이다.

3〉 수승한 행

성 취 시 인 초 희 론　　심 심 부 동 항 적 멸
**成就是忍超戱論**하야　**甚深不動恒寂滅**하니

일 체 세 간 무 능 지　　심 상 취 착 실 개 리
**一切世間無能知**라　**心相取着悉皆離**로다

무생법인을 성취하고 희론戱論을 초월하여
매우 깊고 동요 없어 늘 적멸하니
일체 세간 아무도 알지 못하며

마음으로 집착함도 모두 떠나도다.

불생불멸하는 진여법성을 깨달아 그것에 안주하면 깊고 깊어 동요가 없으며 항상 적멸하다. 이와 같이 수승한 행을 일체 세간에서는 아는 이가 없는 경지다.

주 어 차 지 불 분 별　　비 여 비 구 입 멸 정
**住於此地不分別**하니　**譬如比丘入滅定**하며

여 몽 도 하 각 즉 무　　여 생 범 천 절 하 욕
**如夢度河覺則無**하며　**如生梵天絶下欲**이로다

이 지地에 머무르면 분별이 없어
멸진정滅盡定에 들어간 비구와 같고
꿈에 물을 건너도 깨면 없는 듯하며
범천에 난 사람이 욕심 없듯 하도다.

제8지에 머물러 아무런 분별이 없는 경지를 비구가 멸진정에 든 것에 비유하였다. 멸진정이란 성자聖者가 모든 심상心想을 다 없애고 적정하기를 바라서 닦는 선정이다. 즉 적정하여 일체 마음의 작용이 없다. 또 꿈에 강을 건너나 깨고 나면 아무것도 없는 것과 같고, 범천에 태어나면 욕계에서 있는 욕심은 모두 끊어진 것과 같다고 하였다. 범천은 맑고 깨끗하다. 이 하늘은 욕계의 음욕을 여의어서 항상 깨끗하고 조용하므로 범천이라 한다. 여기에 세 하늘이 있으니 범중천과 범보천과 대범천인데 통칭해서 범천이라 한다. 제8지의 경지를 이와 같이 밝혔다.

이 본 원 력 몽 권 도　　　탄 기 인 승 여 관 정
**以本願力蒙勸導**하야　　**歎其忍勝與灌頂**하고

어 언 아 등 중 불 법　　　여 금 미 획 당 근 진
**語言我等衆佛法**을　　**汝今未獲當勤進**이어다

본래의 원력으로 권하고 인도하여
수승한 인忍을 찬탄하고 관정灌頂하면서
"우리의 온갖 불법을 그대는 아직
다 얻지 못했으니 부지런히 정진하라."라고 하니라.

수승한 인忍이란 무생법인이며, 관정이란 물을 정수리에

붓는다는 뜻인데, 인도에서 임금의 즉위식이나 태자를 세우는 의식을 할 때 사해四海의 바닷물을 정수리에 붓는 의식이다. 부처님이 대자비의 물로써 보살의 정수리에 붓는 것이 되어 등각等覺 보살이 묘각위妙覺位에 오를 때에 부처님이 그에게 관정하여 불과佛果를 증득케 하는 것이다. 여기에는 여러 부처님이 정수리를 만져 수기하는 마정관정摩頂灌頂, 말로 수기하는 수기관정授記灌頂, 광명을 놓아 이롭게 하는 방광관정放光灌頂의 3종이 있다.

| 여 수 이 멸 번 뇌 화 | 세 간 혹 염 유 치 연 |
| --- | --- |
| **汝雖已滅煩惱火**나 | **世間惑焰猶熾然**하니 |
| 당 념 본 원 도 중 생 | 실 사 수 인 취 해 탈 |
| **當念本願度衆生**하야 | **悉使修因趣解脫**이어다 |

"그대는 비록 번뇌의 불을 이미 껐으나
세간에는 번뇌의 불이 오히려 치성하니
마땅히 본래의 서원인 중생 건지기를 생각하여
모두 다 인因을 닦아서 해탈케 하라."라고 하니라.

보살이 가진 본래의 서원이 곧 그것이다. 자신은 이미 번뇌의 불을 껐으나 세상 사람들은 오히려 번뇌의 불길에 싸여 있다. 자신이 번뇌의 불을 껐듯이 세상 사람들도 번뇌의 불을 끄고 해탈하도록 하는 것이다. 이것이 보살불교의 바른 길이다.

법 성 진 상 이 심 념　　이 승 어 차 역 능 득
法性眞常離心念하니　二乘於此亦能得이라
불 이 차 고 위 세 존　　단 이 심 심 무 애 지
不以此故爲世尊이요　但以甚深無礙智로다

법의 성품 참되고 항상하여 생각 여의었으니
이승二乘들도 이런 것 능히 얻으나
이것으로 세존이 되는 것 아니고
다만 매우 깊고 걸림 없는 지혜뿐이로다.

오온을 떠난 참되고 항상한 법성과 자성과 참마음과 참사람을 성문이나 연각들도 또한 얻었지만 그것으로는 세존이 되지 못한다. 그냥 깊고 깊은 걸림이 없는 지혜를 얻었을 뿐이다. 보살대승의 바람직한 성자가 되려면 일체 중생도 그와 똑같은 지혜를 얻도록 부지런히 가르쳐서 제도하여야 한다. 이것이 불교의 궁극이기 때문이다.

여시인천소응공 여차지혜영관찰
如是人天所應供이 與此智慧令觀察하니
무변불법실득성 일념초과낭중행
無邊佛法悉得成하야 一念超過曩衆行이로다

이와 같이 인천의 공양 받는 분께서
이러한 지혜를 주어 관찰케 하니
그지없는 부처님 법을 다 성취하고
한 생각에 예전 수행 다 뛰어넘었도다.

인천의 공양을 받는 부처님께서 지혜를 주어 관찰하게 하니, 한량없는 부처님의 법을 다 성취하고 한순간에 지난날의 온갖 수행을 제8지에서 모두 뛰어넘었다.

보살주자묘지지 즉획광대신통력
菩薩住玆妙智地에 則獲廣大神通力하고

일념분신변시방 여선입해인풍제
一念分身徧十方이 如船入海因風濟로다

보살이 이 미묘한 지혜의 지위에 머물러
광대한 신통의 힘 곧 얻고서
한 찰나에 몸을 나눠 시방에 두루 한 것이
배가 바다에 들어가서 순풍을 만난 듯하도다.

제8지는 무공용의 수행이기 때문에 자연수행이라 한다. 모든 수행이 저절로 되는 것이 마치 배가 바다에 들어가서 순풍을 만나 저절로 건너가는 것과 같다.

### (2) 청정한 불국토佛國土

심무공용임지력 실지국토성괴주
心無功用任智力하야 悉知國土成壞住하며

제계종종각수이 소대무량개능료
諸界種種各殊異와 小大無量皆能了로다

마음은 공용이 없고 지혜의 힘에 맡겨서
국토가 성취하고 무너지는 일을 다 알며
여러 세계가 갖가지로 모두 다르며
작고 크고 무량함을 능히 다 알도다.

제8지에서는 저절로 되는 수행이기 때문에 이미 가지고 있는 지혜에 맡겨 두면 된다. 국토가 이뤄지고 무너지는 일도, 일체 세계가 각각 다른 모습도, 작고 큰 것이 한량없음도 저절로 다 안다.

삼 천 세 계 사 대 종　　육 취 중 생 신 각 별
**三千世界四大種**과　　**六趣衆生身各別**과
급 이 중 보 미 진 수　　이 지 관 찰 실 무 여
**及以衆寶微塵數**를　　**以智觀察悉無餘**로다

삼천대천세계의 사대 종種들과
여섯 갈래 중생의 몸 각각 다름과
여러 가지 보배와 작은 먼지의 수효를
지혜로 남김없이 다 관찰하도다.

제8지 보살은 삼천대천세계의 요소인 지수화풍과 지옥, 아귀, 축생, 인도, 천도, 아수라 등 여섯 갈래 중생들의 몸과 온갖 보배와 작은 먼지 수효들까지 남김없이 관찰하여 안다.

보 살 능 지 일 체 신　　위 화 중 생 동 피 형
菩薩能知一切身하야　　爲化衆生同彼形호대

국 토 무 량 종 종 별　　실 위 현 형 무 불 변
國土無量種種別에　　悉爲現形無不徧이로다

보살이 여러 종류의 몸을 다 알고
중생들을 교화하려 그 형상과 같이하며
한량없는 국토도 각각 다른데
형상을 나타내어 모두 두루 하도다.

보살이 일체 중생의 몸을 다 알고 그들 중생을 교화하기 위하여 일체 중생의 형상과 같이한다. 그래서 한량없이 각각 다른 국토에 그 다른 형상을 두루 다 나타낸다.

비여일월주허공　　일체수중개현영
譬如日月住虛空호대　一切水中皆現影인달하야

주어법계무소동　　수심현영역부연
住於法界無所動호대　隨心現影亦復然이로다

비유하면 허공에 뜬 해나 달이나
여러 곳의 물 가운데 영상 비치듯
법계에 머물러 변동 없지만
마음 따라 나타내는 영상도 그러하도다.

보살이 중생들을 교화하기 위하여 일체 처에 그 모습을 나타내지만 법계의 자리에서는 아무런 변동이 없다. 마치 해나 달이 일천 강물에 그림자를 나타내지만 해나 달의 본체는 아무런 변동이 없는 것과 같다.

수기심락각부동　　일체중중개현신
隨其心樂各不同하야　一切衆中皆現身호대

성문독각여보살　　급이불신미불현
聲聞獨覺與菩薩과　及以佛身靡不現이로다

좋아함이 각각 다른 마음을 따라
여러 중생 가운데 몸을 나타내되
성문이나 독각이나 보살들이나
부처님의 몸까지도 모두 나타내도다.

중 생 국 토 업 보 신　　　종 종 성 인 지 법 신
**衆生國土業報身**과　　**種種聖人智法身**과
허 공 신 상 개 평 등　　　보 위 중 생 이 시 작
**虛空身相皆平等**을　　**普爲衆生而示作**이로다

중생 몸과 국토 몸과 업보의 몸과
성인들의 가지가지 지혜 몸과 법의 몸과
허공인 몸까지도 모두 평등해
중생을 위하여서 두루 나타내도다.

지정각智正覺세간에서 보살이 아는 열 가지 몸을 열거한 것이다. 그 열 가지 몸이란 장문의 순서대로는 중생신과 국토신과 업보신과 성문신과 독각신과 보살신과 여래신과 지신과 법신과 허공신이다. 모두 여래가 중생을 교화하기 위해 나타낸 것이다.

### (3) 열 가지 몸의 자재自在

십 종 성 지 보 관 찰　　부 순 자 비 작 중 업
**十種聖智普觀察**하며　**復順慈悲作衆業**이라

열 가지를 성스러운 지혜로 널리 살피고
다시 자비를 수순하여 온갖 업을 짓도다.

앞에서 든 열 가지 몸을 모든 중생들의 마음에 좋아하는 바를 따라 스스로 짓는 것이 자재함을 밝혔다.

### (4) 수승한 공덕

소 유 불 법 개 성 취　　지 계 부 동 여 수 미
**所有佛法皆成就**하야　**持戒不動如須彌**하며

십 력 성 취 부 동 요　　일 체 마 중 무 능 전
**十力成就不動搖**하니　**一切魔衆無能轉**이로다

여러 가지 불법을 다 성취하여

계행도 수미산과 같이 움직이지 않으며
열 가지 힘[7] 이루어 동요하지 않으니
모든 마군들도 어찌할 길이 없도다.

제8지 보살의 수승한 공덕은 여러 가지 불법을 다 갖추고 계행이 움직이지 않는 것이 마치 수미산과 같다. 열 가지 힘[十力]도 성취하여 동요하지 않아 마군들도 어찌할 수 없는 경지이다.

### (5) 성취한 공덕

제 불 호 념 천 왕 례　　밀 적 금 강 항 시 위
**諸佛護念天王禮**하며　**密跡金剛恒侍衛**하니

차 지 공 덕 무 변 제　　천 만 억 겁 설 부 진
**此地功德無邊際**라　**千萬億劫說不盡**이로다

7) 열 가지 힘이란 부처님께만 있는 열 가지 심력心力이다. ① 처비처지력處非處智力 ② 업이숙지력業異熟智力 ③ 정려해탈등지등지지력靜慮解脫等持等至智力 ④ 근상하지력根上下智力 ⑤ 종종승해지력種種勝解智力 ⑥ 종종계지력種種界智力 ⑦ 변취행지력遍趣行智力 ⑧ 숙주수념지력宿住隨念智力 ⑨ 사생지력死生智力 ⑩ 누진지력漏盡智力.

부처님이 호념하고 천왕이 예경하며
비밀한 금강신金剛神이 항상 시위하고
이 지위의 큰 공덕이 그지없으며
천만억 겁 설하여도 다할 수 없도다.

제8지는 무공용의 수행이므로 성취한 공덕이 그지없어서 천만억 겁을 설해도 다할 수 없다. 부처님이 호념하고, 천왕이 예경하며, 비밀한 금강신이 항상 시위한다. 비밀한 금강신[密跡金剛]은 밀적금강 · 밀적역사力士 · 금강역사 · 금강수手 · 집執금강이라고도 한다. 밀적이란 항상 부처님을 모시고 부처님의 비밀한 사적을 기억한다는 뜻이다. 또 부처님의 3밀密을 알고 자취를 드리워 신이 되었다는 뜻이기도 하다. 모두 손에 금강저杵를 들고 큰 위엄을 나타내어 불법을 옹호하는 천신天神의 통칭이다.

### (6) 부동지不動地의 과果

부 이 공 불 선 익 명　　　　여 왕 정 상 장 엄 구
**復以供佛善益明**하니　**如王頂上莊嚴具**로다

부처님께 공양하여 선근이 더욱 밝으니
전륜왕 머리 위의 장엄과 같도다.

제8지에서 사람과 일체 생명을 부처님으로 받들어 섬기고 공양하여 선근이 더욱 밝아진 것이 마치 전륜성왕의 머리 위에 올려놓은 보배구슬과 같이 빛난다. 이것이 부동지의 공과다.

보 살 주 차 제 팔 지　　　다 작 범 왕 천 계 주
**菩薩住此第八地**에　　**多作梵王千界主**하야
연 설 삼 승 무 유 궁　　　자 광 보 조 제 중 혹
**演說三乘無有窮**하니　　**慈光普照除衆惑**이로다

보살이 제8지에 머무르고는
흔히는 범왕이 되어 천 세계 주인이 되며
삼승법三乘法을 연설하기 다함이 없고
자비 광명 널리 비춰 온갖 번뇌 없애도다.

또 보살이 제8지에 머무르면 세속에서는 흔히 범천왕이

되어 일천 세계의 주인 노릇을 한다. 백성들에게 성문의 법이나 연각의 법이나 보살의 법을 끝없이 연설하여 자비의 광명으로 온갖 번뇌를 없앤다.

일념소획제삼매 백만세계미진등
一念所獲諸三昧가 百萬世界微塵等이라
제소작사실역연 원력시현부과시
諸所作事悉亦然이어니와 願力示現復過是로다

한순간에 얻은 바 모든 삼매가
백만 세계 먼지 수같이 많으며
여러 가지 짓는 사업 다 그러하거든
원력으로 나타냄은 이보다 훨씬 많도다.

제8지 보살은 한순간에 백만 세계의 먼지 수같이 많은 삼매를 얻는다. 또한 중생을 교화하는 사업도 백만 먼지 수와 같이 많다. 그것에 원력을 더하면 이 숫자보다 훨씬 많다.

(7) 맺어 말하다

보살제팔부동지　　아위여등이약설
菩薩第八不動地를　我爲汝等已略說호니

약욕차제광분별　　경어억겁불능진
若欲次第廣分別인댄　經於億劫不能盡이로다

보살들의 제8 부동지를
내가 그대들께 간략히 말했거니와
만약 차례차례 자세하게 분별한다면
억겁을 지내어도 다할 수 없도다.

제8 부동지를 장문과 게송까지 다 설하였다. 지금까지의 설법도 적은 것은 아니지만 만약 차례차례 자세하게 분별하여 설한다면 억만 겁을 지내도 다할 수 없다.

# 9. 제9 선혜지善慧地를 설하다

### 1) 여래의 신통

설 차 보 살 팔 지 시 / 여 래 현 대 신 통 력
**說此菩薩八地時**에 **如來現大神通力**하사

진 동 시 방 제 국 토 / 무 량 억 수 난 사 의
**震動十方諸國土**하시니 **無量億數難思議**로다

보살이 제8지를 말씀하실 적에
여래께서 큰 신통 나타내시어
시방의 모든 국토 진동하나니
한량없는 억천만 부사의로다.

보살 수행 계위의 제8 부동지를 설해 마치고 제9 선혜지善慧地에 들어간다. 먼저 금강장보살이 제8지를 말씀하시고 나니 여래께서 큰 신통을 나타내시어 시방의 모든 국토가 크게 진동하였다. 한량없는 억천만 불가사의한 광경이었다. 특히 제8지는 유공용의 수행을 지나서 무공용의 수행에 이르렀으므로 매우 특별한 경지이다.

일체지견무상존　　　기신보방대광명
**一切知見無上尊**이　　**其身普放大光明**하사

조요피제무량토　　　실사중생획안락
**照耀彼諸無量土**하사　**悉使衆生獲安樂**이로다

일체를 알고 보는 가장 높은 분께서
그 몸으로 큰 광명을 널리 놓아서
한량없는 모든 국토 밝게 비추며
중생들로 하여금 안락 얻게 하도다.

보살이 제8지를 설하고 나니 여래께서 시방 국토를 진동한 다음 몸으로 광명을 놓아 한량없는 모든 국토를 밝게 비추고 중생들로 하여금 안락을 얻게 하였다.

### 2) 보살들의 공양

보살무량백천억　　구시용재허공주
菩薩無量百千億이　俱時踊在虛空住하야
이과제천상묘공　　공양설중최승자
以過諸天上妙供으로　供養說中最勝者로다

한량없는 백천억 저 보살들이
한꺼번에 허공에 솟아올라서
하늘의 공양보다 더 좋은 공양거리로
가장 설법 잘하는 이에게 공양하도다.

진동과 광명에 이어 이번에는 한량없는 백천억 보살들이 한꺼번에 허공에 솟아올라서 하늘의 공양보다 더 훌륭한 공양거리로 공양하였다.

### 3) 천왕의 공양

대자재왕자재천　　실공동심희무량
大自在王自在天이　悉共同心喜無量하야

각 이 종 종 중 공 구　　공 양 심 심 공 덕 해
各以種種衆供具로　　供養甚深功德海로다

대자재大自在천왕들과 자재천왕이
같은 마음 한량없이 기뻐하면서
제각기 여러 가지 공양거리로
깊고 깊은 공덕바다에 공양하도다.

다시 또 천왕들이 같은 마음으로 한량없이 기뻐하면서 가지가지 공양거리로 깊고 깊은 공덕바다에 공양함을 밝혔다.

### 4) 천녀의 공양

부 유 천 녀 천 만 억　　신 심 환 희 실 충 변
復有天女千萬億이　　身心歡喜悉充徧하야
각 주 악 음 무 량 종　　공 양 인 중 대 도 사
各奏樂音無量種하야　　供養人中大導師로다

또다시 천만억 하늘 여인들이
온몸에 기쁜 마음 가득하여서

한량없는 가지가지 풍류를 연주하며
인간 중에 대도사大導師께 공양하도다.

천만억 하늘 여인들이 온몸에 기쁜 마음 가득하여 한량없는 가지가지 풍류를 연주하며 부처님께 공양함을 밝혔다.

시시중악동시주　　백천만억무량별
**是時衆樂同時奏**하니　**百千萬億無量別**이라
실이선서위신력　　연출묘음이찬탄
**悉以善逝威神力**으로　**演出妙音而讚歎**이로다

여러 종류 음악을 한꺼번에 연주하여
가지각색 곡조가 각각 다르나
모두 다 부처님의 위신력으로
묘한 음성 내어서 찬탄하도다.

다시 또 천녀들이 여러 종류의 아름다운 음악을 연주하여 미묘한 소리로 찬탄하였다.

적 정 조 유 무 구 해　　　수 소 입 지 선 수 습
寂靜調柔無垢害하야　　隨所入地善修習하며

심 여 허 공 예 시 방　　　광 설 불 도 오 군 생
心如虛空詣十方하야　　廣說佛道悟群生이로다

고요하고 부드럽고 때 없는 이들

들어가는 지위를 따라 잘 닦아 익히니

마음이 허공과 같아 시방에 나아가서

부처님 도법을 널리 설하여 중생을 깨닫게 하도다.

보살들의 마음이 고요하고 부드럽고 때가 없어, 들어가는 지위를 따라 잘 닦아 익히고, 부처님 도법을 널리 설하여 중생들을 깨닫게 함을 찬탄하였다.

천 상 인 간 일 체 처　　　실 현 무 등 묘 장 엄
天上人間一切處에　　　悉現無等妙莊嚴하니

이 종 여 래 공 덕 생　　　영 기 견 자 낙 불 지
以從如來功德生이라　　令其見者樂佛智로다

천상이나 인간에 가는 곳마다

같은 것 없는 묘한 장엄 다 나타내시니
여래의 공덕으로 생겨나는 것이라
보는 이들 부처님의 지혜 즐겨하도다.

또 보살들은 천상이나 인간에 가는 곳마다 같은 것 없이 미묘한 장엄을 다 나타내어 교화한다. 일체가 자성여래의 공덕으로 생긴 것이라 그것을 보는 이들이 부처님의 지혜를 즐겨함을 찬탄하였다.

불 리 일 찰 예 중 토　　여 월 보 현 조 세 간
**不離一刹詣衆土**가　　**如月普現照世間**하며
음 성 심 념 실 개 멸　　비 유 곡 향 무 불 응
**音聲心念悉皆滅**하사대　　**譬猶谷響無不應**이로다

한 세계를 떠나지 않고 각국에 나아가니
한 달[月]이 여러 세간 다 비추듯이
음성이나 생각이 모두 없지만
골짜기에 메아리가 울려 퍼지듯 하도다.

보살이 한 세계를 떠나지 않고 여러 국토에 나아가 중생을 교화하는 것이 마치 하늘에 있는 하나의 달이 온 세상을 다 비추는 것과 같음을 찬탄하였다.

약 유 중 생 심 하 열　　　위 피 연 설 성 문 행
**若有衆生心下劣**이면　**爲彼演說聲聞行**하고

약 심 명 리 낙 벽 지　　　즉 위 피 설 중 승 도
**若心明利樂辟支**면　**則爲彼說中乘道**하며

만약 어떤 중생이 생각이 용렬하거든
그에게는 성문聲聞의 행行을 연설해 주고
만약 마음이 총명하여 벽지불辟支佛을 좋아하면
그에게는 중승도中乘道를 설해 주도다.

또 보살은 중생들을 교화함에 있어서 중생들의 근기와 수준에 맞춰서 법을 연설한다. 예컨대 어떤 중생이 생각이 용렬하면 그에게는 성문聲聞의 행行을 연설하여 준다. 대승불교에서는 성문과 연각과 보살과 불佛, 이렇게 네 가지 단계의 차별을 설한다. 성문 다음으로 만약 마음이 총명하여 벽지불辟支佛을 좋아하면 그에게는 중승도中乘道를 설해 준다.

달리 또는 소승小乘과 중승中乘과 대승大乘으로 나누기도 한다. 소승은 아라한이고, 중승은 12인연의 이치를 깨달았다고 해서 연각緣覺이라고도 하고, 홀로 깨달았다고 해서 독각獨覺이라고도 하고 깨달음을 홀로 누린다고 해서 독각이라고도 한다. 만약 석가모니가 연기의 이치를 깨달았다고 한정지으면 석가는 연각이며 벽지불辟支佛이다.

초기불교, 즉 석가모니 불교의 이론으로는 성문과 연각까지이고, 부처님은 석가모니 한 분뿐이다. 보살의 경지와 누구나 부처가 될 수 있다고 하여 불승佛乘을 가르치는 것은 불멸 5백년 이후 대승불교의 이론이다. 특히 대승불교는 부처가 되었어도 열반과 해탈을 누리기보다는 다시 보살로서 중생들과 생사고락을 함께하면서 중생 교화를 최우선으로 한다.

약 유 자 비 낙 요 익　　　위 설 보 살 소 행 사
**若有慈悲樂饒益**이면　**爲說菩薩所行事**하고

약 유 최 승 지 혜 심　　즉 시 여 래 무 상 법
**若有最勝智慧心**이면　**則示如來無上法**이로다

만약 자비로 이익되게 하기 좋아하거든
보살의 행할 일을 설하여 주고
만약 가장 수승한 지혜 마음 가진 이에겐
가장 높은 여래의 법을 보여 주도다.

여러 가지 불교 가운데 가장 이상적인 불교라고 하는 대승불교가 바로 이것이다. 만약 자비로 중생들을 이익되게 하기를 좋아하면 보시와 회향과 육바라밀과 십바라밀과 사섭법과 사무량심 등 보살이 행할 일을 설한다. 중생을 위해 보살행을 하는 것이 진정한 불교임을 가르치는 것이다. 만약 가장 수승하고 고고한 지혜에 마음을 내는 이에겐 가장 높은 여래의 법을 보여 준다. 그래서 선불교가 발생하게 된 것이다. 그러나 정작 세상에서 필요로 하는 것은 고준한 지혜보다는 고통받는 중생을 위해 뜨거운 자비를 실천하는 보살행이다.

비 여 환 사 작 중 사　　종 종 형 상 개 비 실
譬如幻師作衆事에　　種種形相皆非實인달하야

보 살 지 환 역 여 시　　수 현 일 체 이 유 무
菩薩智幻亦如是하야　　雖現一切離有無로다

마치 마술을 하는 사람이 온갖 일을 지어내어도
가지각색 형상이 모두 진실이 아니듯
보살 지혜의 환술도 그와 같아서
모든 것을 나타내나 있고 없음 떠났도다.

여환비지如幻悲智라는 말이 있다. 환술과 같은 자비와 지혜로 다시 중생들을 제도한다는 뜻이다. 보살은 이와 같은 자비와 지혜를 써서 중생을 제도하지만 중생이 있고 없음을 멀리 떠났다.

### 5) 법을 청하다

여 시 미 음 천 만 종　　가 찬 불 이 묵 연 주
如是美音千萬種으로　　歌讚佛已默然住어늘

해 탈 월 언 금 중 정　　　원 설 구 지 소 행 도
解脫月言今衆淨하니　願說九地所行道하소서

이와 같이 아름다운 천만 가지 음성으로
부처님을 찬탄하여 마치고 조용히 있는데
해탈월보살이 말하기를, "지금 대중 청정하니
원컨대 제9지의 행할 도를 설해 주소서."

그동안 제8지의 법을 듣고 보살과 천왕과 천녀들이 공양하고 또 찬탄하여 마치니 대중들은 조용하였다. 그때 청법대중의 대표인 해탈월보살이 "지금 대중들은 청정하니 원컨대 제9지의 행할 도를 설해 주소서."라고 하면서 제9지의 법문을 청하였다.

### 6) 선혜지에 들어가는 열 가지 방편

이 시　금 강 장 보 살　고 해 탈 월 보 살 언　　불
爾時에 金剛藏菩薩이 告解脫月菩薩言하사대 佛

자 보살마하살 이여시무량지 사량관찰
子야 菩薩摩訶薩이 以如是無量智로 思量觀察하야

욕갱구전승적멸해탈 부수습여래지혜 입
欲更求轉勝寂滅解脫하며 復修習如來智慧하며 入

여래비밀법
如來秘密法하며

이때에 금강장보살이 해탈월보살에게 말하였습니다.
"불자여, 보살마하살이 이와 같은 한량없는 지혜로 생각하며 관찰하고는 다시 더 수승한 적멸의 해탈을 구하며, 다시 또 여래의 지혜를 닦으며, 여래의 비밀한 법에 들어가며,"

제9 선혜지에 들어가게 된 까닭을 낱낱이 밝혔다. 제8 부동지까지 훌륭한 보살행을 다 잘 닦았으나 보다 더 수승한 적멸의 해탈을 구하려고 제9 선혜지에 들어가게 된 것이다. 다시 또 여래의 지혜를 닦으려고 제9 선혜지에 들어가게 된 것이다. 여래의 비밀한 법에 들어가려고 제9 선혜지에 들어가게 된 것이다.

관찰부사의대지성 정제다라니삼매문
**觀察不思議大智性**하며 **淨諸陀羅尼三昧門**하며

구광대신통 입차별세계 수력무외불공
**具廣大神通**하며 **入差別世界**하며 **修力無畏不共**

법 수제불전법륜 불사대비본원력 득
**法**하며 **隨諸佛轉法輪**하며 **不捨大悲本願力**하야 **得**

입보살제구선혜지
**入菩薩第九善慧地**니라

"부사의한 큰 지혜의 성품을 관찰하며, 모든 다라니와 삼매의 문을 깨끗이 하며, 광대한 신통을 갖추며, 차별한 세계에 들어가며, 힘과 두려움 없음과 함께하지 않는 법을 닦으며, 부처님들을 따라 법륜을 굴리며, 크게 가엾이 여기는 본래의 원력을 버리지 아니하려고 보살의 제9 선혜지에 들어가느니라."

또 불가사의한 큰 지혜의 성품을 관찰하려고 다음의 지위인 제9 선혜지에 들어가게 된 것이다. 모든 다라니와 삼매의 문을 깨끗이 하려고 다음의 지위인 제9 선혜지에 들어가게 된 것이다. 광대한 신통을 갖추려고 다음의 지위인 제9

선혜지에 들어가게 된 것이다. 차별한 세계에 들어가려고 다음의 지위인 제9 선혜지에 들어가게 된 것이다. 열 가지 힘과 네 가지 두려움 없음과 열여덟 가지 함께하지 않는 법을 닦으려고 다음의 지위인 제9 선혜지에 들어가게 된 것이다. 부처님들을 따라 법륜을 굴리려고 다음의 지위인 제9 선혜지에 들어가게 된 것이다. 크게 가엾이 여기는 본래의 원력을 버리지 아니하려고 다음의 지위인 보살의 제9 선혜지에 들어가게 된 것이다. 이것이 선혜지에 들어가는 열 가지 까닭이다.

### 7) 선혜지에 머무는 열 가지 행법行法

불자 보살마하살 주차선혜지 여실지선
佛子야 菩薩摩訶薩이 住此善慧地에 如實知善

불선무기법행 유루무루법행 세간출세간법
不善無記法行과 有漏無漏法行과 世間出世間法

행 사의부사의법행 정부정법행 성문독각
行과 思議不思議法行과 定不定法行과 聲聞獨覺

법행 보살행법행 여래지법행 유위법행
法行과 菩薩行法行과 如來地法行과 有爲法行과

무위법행
無爲法行이니라

"불자여, 보살마하살이 이 선혜지에 머물러서는 선과 불선과 무기법無記法의 행과, 새거나[漏] 새지 않는[無漏] 법의 행과, 세간과 출세간법의 행과, 헤아리고 헤아릴 수 없는 법의 행과, 결정하고 결정하지 않은 법의 행과, 성문과 독각의 법의 행과, 보살행의 법의 행과, 여래지如來地의 법의 행과, 함이 있는[有爲] 법의 행과 함이 없는[無爲] 법의 행을 사실대로 아느니라."

열 가지 행법 중에 먼저 삼성의 업[三性業]을 사실대로 아는 일이다. 선업善業은 안온安穩하여 좋아할 만한 결과와 열반을 얻어 잠시 또는 영구히 중생을 구제하는 업業이며, 악업惡業 또는 불선업不善業은 안온치 못하여 좋아할 만한 것이 못되는 결과를 받게 되는 업이며, 무기업無記業은 위의 두 가지 업에 속하지 아니하여 선과 악의 결과를 받지 않는 업이다. 다음은 유루와 무루와 세간과 출세간과 내지 유위와 무위의 법의 행을 여실히 아는 것이다.

### 8) 여실히 아는 열 가지 행行

차보살 이여시지혜 여실지중생심조림
**此菩薩**이 **以如是智慧**로 **如實知衆生心稠林**과

번뇌조림 업조림 근조림 해조림 성조림
**煩惱稠林**과 **業稠林**과 **根稠林**과 **解稠林**과 **性稠林**

낙욕조림 수면조림 수생조림 습기상속
과 **樂欲稠林**과 **隨眠稠林**과 **受生稠林**과 **習氣相續**

조림 삼취차별조림
**稠林**과 **三聚差別稠林**이니라

"이 보살이 이와 같은 지혜로써 중생들 마음의 빽빽한 숲[稠林]과, 번뇌의 빽빽한 숲과, 업의 빽빽한 숲과, 근기의 빽빽한 숲과, 이해의 빽빽한 숲과, 근성의 빽빽한 숲과, 욕망의 빽빽한 숲과, 따라다니며 혼미하게 하는[隨眠] 빽빽한 숲과, 태어나는 빽빽한 숲과, 버릇[習氣]이 계속하는 빽빽한 숲과, 세 종류 차별의 빽빽한 숲을 사실대로 아느니라."

먼저 빽빽한 숲[稠林]이란 중생의 마음과 번뇌와 업과 근기와 이해 등이 모두 많고 조밀하고 사이가 없어 다른 것을 용납하지 못하는 상태를 말한다. 이러한 일을 사실대로 아는 것을 밝혔다. 끝에 설한 세 종류 차별의 빽빽한 숲[三聚差別稠林]이란 사람의 성질을 셋으로 나눈 것으로 ① 정정취正定聚는 향상向上 진전하여 결정코 성불할 종류이며 ② 사정취邪定聚는 성불할 만한 소질이 없어 더욱 타락하여 가는 종류이며 ③ 부정취不定聚는 연緣이 있으면 성불할 수 있고 연이 없으면 미迷할 일류一類로서 향상과 타락에 결정이 없는 기류이다. 이 셋은 어느 경론에서도 인정하지만, 선천적이냐 후천적이냐 또는 필연이냐 우연이냐에 대해서는 각기 견해가 다르다.

차보살 여실지중생심종종상 소위잡
此菩薩이 如實知衆生心種種相하나니 所謂雜

기상 속전상 괴불괴상 무형질상 무변제
起相과 速轉相과 壞不壞相과 無形質相과 無邊際

상 청정상 구무구상 박불박상 환소작상
相과 淸淨相과 垢無垢相과 縛不縛相과 幻所作相

수제취생상 여시백천만억 내지무량
과 **隨諸趣生相**과 **如是百千萬億**으로 **乃至無量**을

개여실지
**皆如實知**니라

"이 보살이 중생들 마음의 갖가지 모양을 사실대로 아느니라. 이른바 섞이어 일어나는 모양과, 빨리 구르는 모양과, 헐리고 헐리지 않는 모양과, 바탕이 없는 모양과, 가없는[無邊際] 모양과, 청정한 모양과, 때 묻고 때 묻지 않은 모양과, 얽매고 얽매지 않은 모양과, 요술처럼 지어지는 모양[幻所作相]과, 여러 갈래를 따라 나는 모양 등이 백천만 억이며, 내지 한량없는 것을 모두 사실대로 아느니라."

먼저 중생들 마음의 빽빽한 숲을 설했다. 선혜지 보살이 중생들 마음의 갖가지 모양을 사실대로 아는 것을 밝혔다. 이른바 섞이어 일어나는 모양과, 빨리 구르는 모양과, 헐리고 헐리지 않는 모양 등이다. 마음의 모양이야말로 팔만사천 가지로 나누고도 남는다. 근본도 없고 실체도 없는 하나의 마음이 천변만화하여 그야말로 백천만 억이며, 내지 한량

이 없다.

우지제번뇌종종상 소위구원수행상
**又知諸煩惱種種相**하나니 **所謂久遠隨行相**과

무변인기상 구생불사상 면기일의상 여심
**無邊引起相**과 **俱生不捨相**과 **眠起一義相**과 **與心**

상응불상응상 수취수생이주상 삼계차별
**相應不相應相**과 **隨趣受生而住相**과 **三界差別**

상 애견치만여전심입과환상 삼업인연부
**相**과 **愛見癡慢如箭深入過患相**과 **三業因緣不**

절상 약설내지팔만사천 개여실지
**絶相**과 **略說乃至八萬四千**을 **皆如實知**니라

"또 모든 번뇌의 갖가지 모양을 아느니라. 이른바 오래전부터 멀리 따라다니는 모양과, 그지없이 이끌어 일으키는 모양과, 함께 나서 버리지 못하는 모양과, 혼미함과 깨어남이 한 뜻인 모양과, 마음과 서로 응하거나 응하지 않는 모양과, 갈래를 따라 태어나서 머무는 모양과, 세 세계가 차별한 모양과, 애정과 소견과 어리석음과 교만이 화살처럼 깊이 들어가 걱정되는 모양과, 세

가지 업의 인연이 끊어지지 않는 모양과, 간략히 말하여 내지 팔만사천 가지를 모두 사실대로 아느니라."

다음은 번뇌의 빽빽한 숲을 설했다. 선혜지 보살이 번뇌의 갖가지 모양이 차별한 점을 사실대로 아는 것을 밝혔다. 번뇌에는 참으로 여러 종류가 있어서 흔히 팔만사천 번뇌라고 한다.

번뇌는 범어로 길례사吉隷舍라 음역한다. 혹惑·수면隨眠·염染·누漏·결結·박縛·전纏·액軛·폭류暴流·사使 등이라고도 한다. 나[我]라고 생각하는 것에서 일어나는 나쁜 경향의 마음 작용이다. 곧 눈앞의 고와 낙에 미迷하여 탐욕·진심瞋心·우치愚癡 등에 의하여 마음에 동요를 일으켜 몸과 마음을 뇌란하는 정신작용이다.

일체 번뇌의 근본이 되는 근본번뇌와 이에 수반하여 일어나는 수번뇌가 있으며, 사사邪師·사설邪說·사사유邪思惟로 말미암아 일어나는 분별기分別起의 번뇌와 나면서부터 선천적으로 몸과 함께 있는 구생기俱生起의 번뇌가 있으며, 또 사事에 대한 정의情意의 미迷인 수혹修惑과 이理에 대한 지智의 미인 견혹見惑이 있으며, 혹은 세용勢用의 이둔利鈍에 나아가서 5리사利使 · 5둔사鈍使를 세우기도 하고, 혹은 3루漏 · 3박縛 · 3혹惑 · 4류流 · 4액軛 · 4취取 · 5상분결上分結 · 5하분결下分結 · 9결結 · 8전纏 · 10전 · 108번뇌 · 8만4천 번뇌 등으로도 나눈다.

우지제업종종상 소위선불선무기상
又知諸業種種相하나니 所謂善不善無記相과
유표시무표시상 여심동생불리상 인자성
有表示無表示相과 與心同生不離相과 因自性
찰나괴이차제집과불실상 유보무보상 수
刹那壞而次第集果不失相과 有報無報相과 受
흑흑등중보상 여전무량상 범성차별상 현
黑黑等衆報相과 如田無量相과 凡聖差別相과 現
수생수후수상 승비승정부정상 약설내지
受生受後受相과 乘非乘定不定相과 略說乃至
팔만사천 개여실지
八萬四千을 皆如實知니라

"또 모든 업業의 갖가지 모양을 아느니라. 이른바 선

과 불선과 무기의 모양과, 표시할 수 있고[有表示] 표시할 수 없는 모양과, 마음과 함께 나서 떠나지 않는 모양과, 원인의 자체 성품은 찰나에 무너지지마는 차례로 결과가 모여 잃어지지 않는 모양과, 과보가 있고 과보가 없는 모양과, 검고 검은 따위의 여러 가지 과보를 받는 모양과, 밭과 같아 한량없는 모양과, 범부와 성인이 차별한 모양과, 이승에서 받고 저승에서 받고 뒤 승에서 받는 모양과, 승乘과 승이 아닌 것이 결정하고 결정하지 않은 모양과, 간략히 말하여 내지 팔만사천 가지를 모두 사실대로 아느니라."

다음은 업의 빽빽한 숲을 설했다. 보살이 모든 업業의 갖가지 모양을 사실대로 아는 것을 밝혔다. 업은 참으로 여러 가지가 있어서 업에 대한 용어가 가장 많다.

업은 범어로 갈마羯磨라 음역한다. 몸 · 입 · 뜻으로 짓는 말과 동작과 생각하는 것과 그 세력을 말한다. 업은 짓는다는 의미로서 정신으로 생각하는 작용 곧 의념意念이며, 이것이 뜻을 결정하고 선악을 짓게 하여 업이 생긴다. 업은 또 사업思業과 사이업思已業으로 나눈다. 사업思業은 뜻으로 활동

하는 정신 내부의 의업意業이며, 사이업思已業은 한번 뜻을 결정한 후에 외부에 표현되는 신업身業·구업口業인데 곧 신·구·의 삼업이라 한다. 또 몸과 입으로 외부에 표현되는 표업表業에 의하여 표업이 끝난 후에도 밖으로 표현되지는 않아도 그 선업이나 악업을 상속하는 것을 무표업無表業이라 한다. 또 업은 선업·악업으로 나눈다. 선업 중 주요한 것은 십선업이며, 그 반대는 십악업이다. 이 밖에도 업의 분류에 여러 가지가 있다. 악업만을 단순히 업이라 하기도 하는데 그것은 잘못이다. 보살이 보살행 하는 것을 보살업菩薩業이라 하고, 부처님이 부처님행 하는 것을 불업佛業이라고 한다.

우 지 제 근 연 중 승 상 선 제 후 제 차 별 무 차 별
**又知諸根軟中勝相**과 **先際後際差別無差別**

상 상 중 하 상 번 뇌 구 생 불 상 리 상 승 비 승 정
**相**과 **上中下相**과 **煩惱俱生不相離相**과 **乘非乘定**

부 정 상 순 숙 조 유 상 수 근 망 경 전 괴 상 증 상
**不定相**과 **淳熟調柔相**과 **隨根網輕轉壞相**과 **增上**

무 능 괴 상 퇴 불 퇴 차 별 상 원 수 공 생 부 동 상
**無能壞相**과 **退不退差別相**과 **遠隨共生不同相**하며

약설내지팔만사천 개여실지
**略說乃至八萬四千**을 **皆如實知**니라

"또 모든 근기의 둔[軟]하고 중간이고 수승한 모양과, 먼저와 나중이 차별하고 차별하지 않은 모양과 상품·중품·하품인 모양과, 번뇌가 함께 나서 서로 여의지 않는 모양과, 승乘과 승 아닌 것이 결정하고 결정하지 않은 모양과, 잘 성숙되어 부드러운 모양과, 따르는 근[隨根]의 속박하고 가볍고 점점 무너지는 모양과, 더 늘어서 파괴할 수 없는 모양과, 물러나고 물러나지 않는 차별한 모양과, 오래 따라다니며 함께 남이 같지 않은 모양을 아나니, 간략히 말하여 내지 팔만사천 가지를 모두 사실대로 아느니라."

다음은 근기의 빽빽한 숲을 설했다. 보살이 근기에 관한 모든 현상을 사실과 같이 아는 것을 밝혔다. 근기란 교법을 듣고 닦아 증證하여 얻는 능력을 말하는데 근기에 흔히 상上근기·중中근기·하下근기가 있고, 그 세 가지에 다시 각각 상·중·하가 있어서 아홉 가지 근기가 있다. 나아가서 경문의 내용과 같이 팔만사천 근기까지 있으며, 사람마다 각각 다른 근기를 가지고 있다.

우지제해연중상 제성연중상 낙욕연중
又知諸解軟中上과 諸性軟中上과 樂欲軟中

상 개약설내지팔만사천
上과 皆略說乃至八萬四千이니라

"또 모든 이해가 하품이고 중품이고 상품인 모양과, 모든 근성이 하품이고 중품이고 상품인 모양과, 욕망이 하품이고 중품이고 상품인 모양을 아나니, 간략히 말하여 내지 팔만사천 가지이니라."

다음은 이해의 빽빽한 숲을 설했다. 보살은 모든 중생들을 이해하는 데 상·중·하의 다른 점과 모든 근성의 상·중·하와 욕망의 상·중·하와 기타 모든 것의 상·중·하와 내지 팔만사천 가지를 앎을 밝혔다.

우지제수면종종상 소위여심심공생상
又知諸隨眠種種相하나니 所謂與深心共生相과

여심불공생상 심상응불상응차별상 구원
與心不共生相과 心相應不相應差別相과 久遠
수행상 무시불발상 여일체선정해탈삼매
隨行相과 無始不拔相과 與一切禪定解脫三昧
삼마발저신통상위상 삼계상속수생계박상
三摩鉢底神通相違相과 三界相續受生繫縛相과
영무변심상속현기상 개제처문상 견실난치
令無邊心相續現起相과 開諸處門相과 堅實難治
상 지처성취불성취상 유이성도발출상
相과 地處成就不成就相과 唯以聖道拔出相이니라

"또 따라다니며 혼미하게 하는 것의 갖가지 모양을 아나니, 이른바 깊은 마음과 함께 나는 모양과, 마음과 더불어 함께 나지 않는 모양과, 마음과 서로 응하고 서로 응하지 않는 것이 차별한 모양과, 오래전부터 따라다니는 모양과, 비롯함이 없는 옛적부터 뽑지 못한 모양과, 온갖 선정 · 해탈 · 삼매 · 삼마발저 · 신통과 서로 어기는 모양과, 삼계에서 계속하여 태어나며 얽히는 모양과, 그지없는 마음이 계속하여 현재에 일어나게 하는 모양과, 여러 곳의 문을 여는 모양과, 굳고 단단하여 다스리기 어려운 모양과, 지地와 곳[處]에 성취하고 성취하지 못한 모양과, 오직 성인聖人의 도道로써 뽑아내는 모양이니라."

다음은 따라다니며 혼미하게 하는 수면隨眠번뇌의 빽빽한 숲을 설했다. 수면이란 번뇌의 다른 이름이다. 번뇌는 늘 중생을 따라다녀 여의지 아니하므로 수隨라 하고, 그 작용이 아득하여 알기 어려움이 마치 잠자는 상태와 비슷하므로 면眠이라 한다. 또 중생을 쫓아다녀 마음을 혼미하게 하는 것이 잠자는 것과 같으므로 수면번뇌라 한다. 번뇌의 전체를 수면이라 하기 때문에 경문에서 열거한 것 외에도 그 종류가 무수히 많다. 보살은 이와 같은 번뇌들을 낱낱이 다 안다.

우 지 수 생 종 종 상　　소 위 수 업 수 생 상　육
**又知受生種種相**하나니 **所謂隨業受生相**과 **六**

취 차 별 상　유 색 무 색 차 별 상　유 상 무 상 차 별
**趣差別相**과 **有色無色差別相**과 **有想無想差別**

상 업위전 애수윤 무명암부 식위종
相과 業爲田하고 愛水潤하며 無明闇覆하고 識爲種

자 생후유아상 명색구생불상리상 치애
子하야 生後有芽相과 名色俱生不相離相과 癡愛

희구속유상 욕수욕생 무시낙착상 망위출
希求續有相과 欲受欲生에 無始樂着相과 妄謂出

삼계탐구상
三界貪求相이니라

"또 태어나는 차별한 모양을 아나니, 이른바 업을 따라 태어나는 모양과, 여섯 갈래의 차별한 모양과, 형상 있고 형상 없음이 차별한 모양과, 생각 있고 생각 없음이 차별한 모양과, 업의 밭에 애착의 물로 축이고 무명無明의 어둠으로 덮어서 식識이란 종자가 뒷세상에 싹을 내게 하는 모양과, 마음과 물질로 함께 나서[名色俱生] 서로 떠나지 않는 모양과, 어리석음과 애착으로 계속하여 있기를 희구하는 모양과, 받아들이려 하고 태어나려 하여 끝없는 때부터 좋아하며 집착하는 모양과, 허망하게 세 세계에서 벗어나려고 탐구하는 모양이니라."

다음은 태어남의 빽빽한 숲을 밝혔다. 온갖 중생들의 태어나는 모양이 무수히 많은데 제9 선혜지의 보살은 그 모든 것을 낱낱이 다 안다.

우 지 습 기 종 종 상　　소 위 행 불 행 차 별 상
**又知習氣種種相**하나니 **所謂行不行差別相**과

수 취 훈 습 상　수 중 생 행 훈 습 상　수 업 번 뇌 훈
**隨趣熏習相**과 **隨衆生行熏習相**과 **隨業煩惱熏**

습 상　선 불 선 무 기 훈 습 상　수 입 후 유 훈 습 상
**習相**과 **善不善無記熏習相**과 **隨入後有熏習相**과

차 제 훈 습 상　부 단 번 뇌 원 행 불 사 훈 습 상　실
**次第熏習相**과 **不斷煩惱遠行不捨熏習相**과 **實**

비 실 훈 습 상　견 문 친 근 성 문 독 각 보 살 여 래 훈
**非實熏習相**과 **見聞親近聲聞獨覺菩薩如來熏**

습 상
**習相**이니라

"또 버릇의 갖가지 모양을 아나니, 이른바 행하고 행하지 않는 차별한 모양과, 갈래를 따라 익힌 버릇의 모양과, 중생의 행을 따라 익힌 버릇의 모양과, 업과 번뇌를 따라 익힌 버릇의 모양과, 선과 악과 둘 다 아닌 무

기로 익힌 버릇의 모양과, 뒷세상에 따라 들어가는 익힌 버릇의 모양과, 차례로 익힌 버릇의 모양과, 번뇌를 끊지 않고 오래 행하여 버리지 않고 익힌 버릇의 모양과, 진실하고 진실하지 않은 익힌 버릇의 모양과, 성문·독각·보살·여래를 보고 듣고 친근하여 익힌 버릇의 모양이니라."

다음은 습기의 빽빽한 숲을 밝혔다. 버릇과 훈습과 습기와 업은 모두 같은 뜻으로 일상생활을 하면서 몸과 말과 생각으로 무엇이든 짓고 익히는 것이 버릇이 되고 습기가 되어 그 사람을 만든다. 업력은 불가사의라 하였다. 그 모든 불가사의한 업의 모양을 보살은 다 안다.

우지중생 정정사정부정상 소위정견
**又知衆生**의 **正定邪定不定相**하나니 **所謂正見**

정정상 사견사정상 이구부정상 오역사정
**正定相**과 **邪見邪定相**과 **二俱不定相**과 **五逆邪定**

상 오근정정상 이구부정상 팔사사정상
相과 五根正定相과 二俱不定相과 八邪邪定相과

정성정정상 갱부작이구이부정상 염착사법
正性正定相과 更不作二俱離不定相과 染着邪法

사정상 습행성도정정상 이구사부정상
邪定相과 習行聖道正定相과 二俱捨不定相이니라

불자 보살 수순여시지혜 명주선혜지
佛子야 菩薩이 隨順如是智慧가 名住善慧地니라

"또 중생이 바르게 결정되고 잘못 결정되고 결정되지 못한 모양을 아나니, 이른바 바른 소견으로 바르게 결정한 모양과, 삿된 소견으로 삿되게 결정한 모양과, 두 가지가 다 결정하지 못한 모양과, 다섯 가지 어기고 삿된 것으로 결정한 모양과, 다섯 근根으로 바르게 결정한 모양과, 두 가지가 다 결정하지 못한 모양과, 여덟 가지 삿된 것으로 삿되게 결정한 모양과, 바른 성품으로 바르게 결정한 모양과, 다시 두 가지를 짓지 않고 다 여의어서 결정하지 못한 모양과, 삿된 법에 물들어 삿되게 결정한 모양과, 성인의 도道를 익히고 행하여 바르게 결정한 모양과, 두 가지를 다 버리어서 결정하지 못한 모양이니라. 불자여, 보살이 이와 같은 지혜를 따라

순종함을 선혜지에 머문다고 하느니라."

중생의 바르게 결정되고 잘못 결정되고 결정되지 못한 모양의 빽빽한 숲을 밝혔다. 이것을 삼취三聚 또는 삼정취三定聚라 하는데 사람의 성질을 셋으로 나눈 것이다. ① 정정취正定聚로서 향상向上 진전하여 결정코 성불할 종류이다. ② 사정취邪定聚로서 성불할 만한 소질이 없어 더욱 타락하여 가는 종류이다. ③ 부정취不定聚로서 연緣이 있으면 성불할 수 있고 연이 없으면 미迷할 한 종류로서 향상과 타락에 결정이 없는 기류이다. 이 셋은 어느 경론에서도 인정하지만, 선천적이냐 후천적이냐 또는 필연이냐 우연이냐에 대해서는 각기 견해가 다르다.

법상종과 같이 5성性이 각각 다르다고 주장하는 것은 본래 선천적으로 성불 · 불성불不成佛의 성품이 있다 하여 결정적으로 성불하지 못할 것을 무성유정종성無性有情種性 · 성문결정종성聲聞決定種性 · 연각결정종성緣覺決定種性이라 하고, 성불할 수 있는 것은 보살종성菩薩種性이라 하고, 부정不定한 것을 부정종성不定種性이라 한다.

또 온갖 것에 다 불성이 있다고 주장하는 이는 후천적으로 근성에 구별을 세워 불교를 듣지 못하거나 듣고도 믿지 않거나 또는 큰 죄를 범함으로 말미암아 사정취가 있다고 하지만, 본성으로는 다 성불할 소질이 있다고 한다. 제9 선혜지의 보살은 이 모든 것을 다 안다.

### 9) 설법이 성취되다

#### (1) 지혜가 성취되다

주차지이 요지중생 제행차별 교화조
**住此地已**에 **了知衆生**의 **諸行差別**하야 **敎化調**

복 영득해탈
**伏**하야 **令得解脫**이니라

"이 지위에 머물러서는 중생들의 모든 행의 차별을 알고 교화하고 조복하여 해탈을 얻게 하느니라."

이하의 경문은 제9 선혜지에 머물고 나서 중생들의 모든 행의 차별을 알아서 교화하고 조복하여 해탈을 얻게 하는 내용이다. 그것은 곧 설법으로 성취되는 것인데 먼저 지혜가 성취되고, 다음에는 구업이 성취되고, 다음에는 법사가 성취되는 순서다.

불자 차보살 선능연설성문승법 독각승
佛子야 此菩薩이 善能演說聲聞乘法과 獨覺乘
법 보살승법 여래지법 일체행처 지수
法과 菩薩乘法과 如來地法하며 一切行處에 智隨
행고 능수중생 근성욕해 소행유이 제취
行故로 能隨衆生의 根性欲解와 所行有異와 諸聚
차별 역수수생 번뇌면박 제업습기 이
差別하며 亦隨受生과 煩惱眠縛과 諸業習氣하야 而
위설법 영생신해 증익지혜 각어기승
爲說法하야 令生信解하고 增益智慧하야 各於其乘
이득해탈
에 而得解脫이니라

"불자여, 이 보살이 성문승聲聞乘의 법과 독각승獨覺乘의 법과 보살승의 법과 여래 지위의 법을 잘 연설하느니라. 온갖 행할 곳에 지혜가 따라 행하므로 중생의 근기와 성품과 욕망과 이해와 행할 바가 다름과 여러 갈래가 차별함을 따르며, 또한 태어난 번뇌와 따라다니며 혼미하게 하는 속박[眠縛]과 여러 업의 버릇을 따라서 그들에게 법을 설하여 믿고 이해함을 내게 하고 지혜를 늘게 하여 각각 그들의 승乘에서 해탈을 얻게 하느니라."

대승불교에서는 수행법의 종류를 언제나 성문의 법과 연각의 법과 보살의 법과 여래 지위의 법으로 설명한다. 선혜지의 보살도 또한 그러한 법을 잘 연설한다. 삼승법과 여래 지위의 법에 따르고, 근기와 성품과 욕망과 이해와 행할 바가 다름과 여러 갈래가 차별함을 따라 각각 그들의 법에서 해탈을 얻게 한다.

### (2) 구업口業이 성취되다

불자 보살 주차선혜지 작대법사 구
**佛子**야 **菩薩**이 **住此善慧地**에 **作大法師**하야 **具**

법사행 선능수호여래법장 이무량선교지
**法師行**하야 **善能守護如來法藏**호대 **以無量善巧智**

기사무애변 용보살언사 이연설법
로 **起四無礙辯**하야 **用菩薩言辭**하야 **而演說法**이라

"불자여, 보살이 이 선혜지善慧地에 머물러서는 큰 법사가 되고 법사의 행을 갖추어서 여래의 법장法藏을 잘 수호하느니라. 한량없이 공교한 지혜로 네 가지 걸림 없는 변재辯才를 일으키고 보살의 말로써 법을 연설하느니라."

선혜지에 머물면 큰 법사가 되어 여래의 법장을 잘 수호한다. 오로지 법을 공부하고 법을 널리 펼쳐서 많은 사람들에게 여래의 법이 오래 전해지도록 한다. 그렇게 하려면 네 가지 걸림 없는 변재[四無礙辯]를 일으켜야 한다. 이 네 가지 변재로 보살이 하는 말을 사용하여 법을 연설하는 것이다. 네 가지 변재는 사무애지四無礙智 · 사무애해四無礙解라고도 한다. 마음의 방면으로는 지智 또는 해解라 하고 입의 방면으로는 변辯이라 한다. ① 법무애法無礙는 온갖 교법에 통달한 것이며 ② 의무애義無礙는 온갖 교법의 요의要義를 아는 것이며 ③ 사무애辭無礙는 여러 가지 말을 알아 통달하지 못함이 없는 것이며 ④ 요설무애樂說無礙는 온갖 교법을 알아 온갖 근기의 종류들이 듣기 좋아하는 것을 말하는 데 자재한 것이

다. 아래 경문에 여러 가지 방향으로 거듭 설명한다.

차보살 상수사무애지전 무잠사리
**此菩薩**이 **常隨四無礙智轉**하야 **無暫捨離**하나니

하등 위사 소위법무애지 의무애지 사무
**何等**이 **爲四**오 **所謂法無礙智**와 **義無礙智**와 **辭無**

애지 요설무애지
**礙智**와 **樂說無礙智**니라

"이 보살이 항상 네 가지 걸림 없는 지혜를 따라서 연설하고 잠깐도 버리지 아니하나니, 무엇이 넷인가. 이른바 법에 걸림 없는 지혜와, 뜻에 걸림 없는 지혜와, 말에 걸림 없는 지혜와, 말하기를 좋아하는 데 걸림 없는 지혜이니라."

차보살 이법무애지 지제법자상 의무
**此菩薩**이 **以法無礙智**로 **知諸法自相**하며 **義無**

애지 지제법별상 사무애지 무착류설
**礙智**로 **知諸法別相**하며 **辭無礙智**로 **無錯謬說**하며

요설무애지 무단진설
樂說無礙智로 無斷盡說이니라

"이 보살이 법에 걸림 없는 지혜로는 모든 법의 제 모양을 알고, 뜻에 걸림 없는 지혜로는 모든 법의 차별한 모양을 알고, 말에 걸림 없는 지혜로는 그릇되지 않게 말하고, 말하기를 좋아하는 데 걸림 없는 지혜로는 끊어짐이 없이 말하느니라."

부차이법무애지 지제법자성 의무애지
復次以法無礙智로 知諸法自性하며 義無礙智
지제법생멸 사무애지 안립일체법부단
로 知諸法生滅하며 辭無礙智로 安立一切法不斷
설 요설무애지 수소안립불가괴무변설
說하며 樂說無礙智로 隨所安立不可壞無邊說이니라

"또 법에 걸림 없는 지혜로는 모든 법의 제 성품을 알고, 뜻에 걸림 없는 지혜로는 모든 법의 나고 사라짐을 알고, 말에 걸림 없는 지혜로는 온갖 법을 안돈安頓하여 세우고 끊어지지 않게 말하고, 말하기를 좋아하는 데 걸림 없는 지혜로는 안돈하여 세움을 따라 파괴할 수 없고 그지없이 말하느니라."

부 차 이 법 무 애 지　지 현 재 법 차 별　의 무 애
復次以法無礙智로 知現在法差別하며 義無礙

지　지 과 거 미 래 법 차 별　사 무 애 지　어 거 래
智로 知過去未來法差別하며 辭無礙智로 於去來

금 법　무 착 류 설　요 설 무 애 지　어 일 일 세
今法에 無錯謬說하며 樂說無礙智로 於一一世에

무 변 법　명 료 설
無邊法을 明了說이니라

"또 법에 걸림 없는 지혜로는 지금 있는 법의 차별을 알고, 뜻에 걸림 없는 지혜로는 지나간 법과 오는 법의 차별을 알고, 말에 걸림 없는 지혜로는 지나간 법과 오는 법과 지금 법을 그릇되지 않게 말하고, 말하기를 좋아하는 데 걸림 없는 지혜로는 낱낱 세상에서 그지없는 법을 분명하게 말하느니라."

부 차 이 법 무 애 지　지 법 차 별　의 무 애 지
復次以法無礙智로 知法差別하며 義無礙智로

지 의 차 별　사 무 애 지　수 기 언 음 설　요 설 무
知義差別하며 辭無礙智로 隨其言音說하며 樂說無

애 지　수 기 심 요 설
礙智로 隨其心樂說이니라

"또 법에 걸림 없는 지혜로는 법의 차별을 알고, 뜻에 걸림 없는 지혜로는 이치의 차별을 알고, 말에 걸림 없는 지혜로는 그들의 말을 따라 말하고, 말하기를 좋아하는 데 걸림 없는 지혜로는 그들의 마음에 좋아함을 따라 말하느니라."

부 차 법 무 애 지　이 법 지　지 차 별 불 이　의
復次法無礙智는 以法智로 知差別不異하며 義

무 애 지　이 비 지　지 차 별 여 실　사 무 애 지
無礙智는 以比智로 知差別如實하며 辭無礙智는

이 세 지　차 별 설　요 설 무 애 지　이 제 일 의 지
以世智로 差別說하며 樂說無礙智는 以第一義智

선교설
로 善巧說이니라

"또 법에 걸림 없는 지혜로는 법의 지혜[法智]로 차별함이 다르지 않음을 알고, 뜻에 걸림 없는 지혜로는 견주는 지혜[比智]로 차별함이 실상과 같음을 알고, 말에 걸림 없는 지혜로는 세상 지혜로 차별하게 말하고, 말하기를 좋아하는 데 걸림 없는 지혜로는 첫째가는 지혜[第一義智]로 공교하게 말하느니라."

부차법무애지 지제법일상불괴 의무애
復次法無礙智로 知諸法一相不壞하며 義無礙

지 지온계처제연기선교 사무애지 이일
智로 知蘊界處諦緣起善巧하며 辭無礙智로 以一

체세간이해료미묘음성문자설 요설무애지
切世間易解了美妙音聲文字說하며 樂說無礙智

이전승무변법명설
로 以轉勝無邊法明說이니라

"또 법에 걸림 없는 지혜로는 모든 법이 한 모양이어서 무너지지 않음을 알고, 뜻에 걸림 없는 지혜로는 오온五蘊과 십팔계十八界와 십이처十二處와 사제四諦와 십이인연十二因緣이 교묘함을 알고, 말에 걸림 없는 지혜로는 모든 세간에서 알기 쉽고 미묘한 음성과 글자로써 말하고, 말하기를 좋아하는 데 걸림 없는 지혜로는 더욱 수승하고 그지없는 법에 밝게 말하느니라."

부차법무애지 지일승평등성 의무애지
復次法無礙智로 知一乘平等性하며 義無礙智로
지제승차별성 사무애지 설일체승무차별
知諸乘差別性하며 辭無礙智로 說一切乘無差別
요설무애지 설일일승무변법
하며 樂說無礙智로 說一一乘無邊法이니라

"또 법에 걸림 없는 지혜로는 일승一乘의 평등한 성품을 알고, 뜻에 걸림 없는 지혜로는 여러 승乘의 차별한 성품을 알고, 말에 걸림 없는 지혜로는 온갖 승의 차별 없음을 말하고, 말하기를 좋아하는 데 걸림 없는 지혜로는 낱낱 승마다 그지없는 법을 말하느니라."

부차법무애지 지일체보살행지행법행
復次法無礙智로 知一切菩薩行智行法行의

지수증 의무애지 지십지분위의차별
智隨證하며 義無礙智로 知十地分位義差別하며

사무애지 설지도무차별상 요설무애지
辭無礙智로 說地道無差別相하며 樂說無礙智로

설일일지무변행상
說一一地無邊行相이니라

"또 법에 걸림 없는 지혜로는 일체 보살의 행行인 지혜행[智行]과 법행法行과 지혜로 따라 증득함을 알고, 뜻에 걸림 없는 지혜로는 십지十地의 나누어진 위치[分位]의 뜻이 차별함을 알고, 말에 걸림 없는 지혜로는 십지의 길이 차별 없는 모양을 말하고, 말하기를 좋아하는 데 걸림 없는 지혜로는 낱낱 지地의 그지없는 행의 모양을 말하느니라."

부차법무애지 지일체여래 일념 성정
復次法無礙智로 知一切如來가 一念에 成正

각　　의무애지　지종종시종종처등　각차별
覺하며 義無礙智로 知種種時種種處等의 各差別

사무애지　설성정각차별　요설무애지
하며 辭無礙智로 說成正覺差別하며 樂說無礙智로

어일일구법　무량겁설부진
於一一句法에 無量劫說不盡이니라

"또 법에 걸림 없는 지혜로는 모든 여래께서 한 생각에 바른 깨달음 이룸을 알고, 뜻에 걸림 없는 지혜로는 여러 때와 여러 곳이 각각 차별함을 알고, 말에 걸림 없는 지혜로는 바른 깨달음을 이루는 차별을 말하고, 말하기를 좋아하는 데 걸림 없는 지혜로는 낱낱 글귀의 법을 한량없는 겁에 말하여도 다하지 못하느니라."

부차법무애지　지일체여래　어　역　무소
復次法無礙智로 知一切如來의 語와 力과 無所

외　불공불법　대자대비　변재　방편　전법
畏와 不共佛法과 大慈大悲와 辯才와 方便과 轉法

륜　일체지지수증　의무애지　지여래　수
輪과 一切智智隨證하며 義無礙智로 知如來가 隨

팔만사천중생 심행근해차별음성 사무애
八萬四千衆生의 心行根解差別音聲하며 辭無礙

지 수일체중생행 이여래음성차별설
智로 隨一切衆生行하야 以如來音聲差別說하며

요설무애지 수중생신해 이여래지청정행
樂說無礙智로 隨衆生信解하야 以如來智淸淨行

원만설
圓滿說이니라

"또 법에 걸림 없는 지혜로는 일체 여래의 말씀과 힘과 두려울 것 없음과 함께하지 않는 부처님 법과 대자와 대비와 변재와 방편과 법륜을 굴리고 온갖 지혜의 지혜로 따라 증득함을 알고, 뜻에 걸림 없는 지혜로는 여래께서 팔만사천인 중생의 마음과 행과 근기와 이해를 따르는 차별한 음성을 알고, 말에 걸림 없는 지혜로는 일체 중생의 행을 따라 여래의 음성으로써 차별하게 말하고, 말하기를 좋아하는 데 걸림 없는 지혜로는 중생의 믿음과 이해를 따라서 여래의 지혜로써 청정한 행을 원만하게 말하느니라."

법에 걸림 없는 지혜[法無礙智]와 뜻에 걸림 없는 지혜[義無礙

智]와 말에 걸림 없는 지혜[辭無礙智]와 말하기를 좋아하는 데 걸림 없는 지혜[樂說無礙智]인 네 가지 걸림 없는 지혜로 각각 열 가지를 원만하게 알고 말하는 내용을 낱낱이 거듭거듭 밝혔다.

### (3) 법사法師가 성취되다

#### 1〉 다라니陀羅尼가 원만해지다

불자 보살 주제구지 득여시선교무애지
**佛子**야 **菩薩**이 **住第九地**에 **得如是善巧無礙智**

득여래묘법장 작대법사 득의다라
하며 **得如來妙法藏**하야 **作大法師**하나니 **得義陀羅**

니 법다라니 지다라니 광조다라니 선혜
**尼**와 **法陀羅尼**와 **智陀羅尼**와 **光照陀羅尼**와 **善慧**

다라니 중재다라니 위덕다라니 무애문다
**陀羅尼**와 **衆財陀羅尼**와 **威德陀羅尼**와 **無礙門陀**

라니 무변제다라니 종종의다라니 여시
**羅尼**와 **無邊際陀羅尼**와 **種種義陀羅尼**하야 **如是**

등백만아승지다라니문 개득원만 이백만
**等百萬阿僧祇陀羅尼門**을 **皆得圓滿**하야 **以百萬**

아승지선교음성변재문 이연설법
**阿僧祇善巧音聲辯才門**으로 **而演說法**이니라

"불자여, 보살이 제9지에 머물면 이와 같은 공교하고 걸림 없는 지혜를 얻으며 여래의 미묘한 법장法藏을 얻어서 큰 법사가 되느니라. 뜻 다라니와 법 다라니와 지혜 다라니와 광명이 비치는 다라니와 선한 지혜 다라니와 여러 재물 다라니와 위덕威德 다라니와 걸림 없는 문門 다라니와 그지없는 다라니와 갖가지 이치의 다라니를 얻고, 이와 같은 백만 아승지 다라니문을 얻어 모두 원만하고, 백만 아승지의 공교한 음성과 변재의 문으로 법을 연설하느니라."

제9지 보살이 법사法師가 성취되어 다라니陀羅尼가 원만해지는 것을 밝혔다. 다라니란 총지總持로서 모든 법문을 다 기억해 가지는 능력이다. 훌륭한 법사가 되려면 반드시 법문을 많이 기억해야 한다.

차보살 득여시백만아승지다라니문이
此菩薩이 得如是百萬阿僧祇陀羅尼門已하야는

어무량불소 일일불전 실이여시백만아승
於無量佛所에 一一佛前에 悉以如是百萬阿僧

지다라니문 청문정법 문이불망 이무
祇陀羅尼門으로 聽聞正法하고 聞已不忘하야 以無

량차별문 위타연설
量差別門으로 爲他演說이니라

"이 보살이 이와 같은 백만 아승지 다라니문을 얻고는 한량없는 부처님 계신 데서 일일이 부처님 앞에서 이러한 백만 아승지 다라니문으로 바른 법을 들으며, 듣고는 잊어버리지 않고 한량없이 차별한 문으로 다른 이를 위하여 연설하느니라."

다라니의 작용과 그 필요성을 더욱 분명히 하였다. 법사가 되어 설법을 하려면 경법을 두루 많이 기억하고, 아울러 깨달음의 지혜가 있어야 한다.

2〉 말이 성취되다

차보살 초견어불 두정예경 즉어불소
**此菩薩**이 **初見於佛**하고 **頭頂禮敬**하야 **卽於佛所**

득무량법문 차소득법문 비피문지제대
에 **得無量法門**하니 **此所得法門**은 **非彼聞持諸大**

성문 어백천겁 소능영수
**聲聞**의 **於百千劫**에 **所能領受**니라

"이 보살이 처음 부처님을 뵙고 머리를 조아려 예경하고, 부처님 계신 데서 한량없는 법문을 얻었느니라. 이러한 법문은 듣고 기억해 가지기만 하는 저 큰 성문聲聞들로서는 백천겁 동안에도 능히 알지 못하느니라."

제9 선혜지 보살이 얻은 법문은 스스로 깨닫지 못하고 듣고 기억해 가지기만 하는 성문 대중들은 백천겁에도 능히 알 수 없다. 연각의 지위를 지나서 다시 초지 보살로부터 제9지에 이른 경지이니 성문이 어찌 알 수 있겠는가. 대승보살 불교를 주창하는 입장에서 소승 성문을 낮추어 보았음을 이와 같이 곳곳에서 드러내었다.

차보살 득여시다라니 여시무애지 좌
此菩薩이 得如是陀羅尼와 如是無礙智하고 坐

어법좌 이설어법 대천세계만중중생
於法座하야 而說於法호대 大千世界滿中衆生에

수기심락차별위설 유제제불 급수직보
隨其心樂差別爲說하나니 唯除諸佛과 及受職菩

살 기여중회 위덕광명 무능여비
薩하고 其餘衆會는 威德光明이 無能與比니라

"이 보살이 이와 같은 다라니와 이와 같은 걸림 없는 지혜를 얻고 법상에 앉아서 법을 설할 적에 대천세계에 가득한 중생들에게 그들이 좋아하는 마음의 차별함을 따라서 연설하느니라. 오직 여러 부처님과 직위를 받은[受職] 보살들을 제외하고는 다른 대중들은 그 위덕威德과 광명을 능히 비길 이가 없느니라."

제9 선혜지 보살은 이와 같은 다라니와 이와 같은 걸림 없는 지혜를 얻고 법상에 앉아서 법을 설한다. 이 경지는 오직 부처님이나 부처님을 대신할 직위를 받은[受職] 보살들만이 능히 그 위덕과 광명을 함께할 수 있다. 그 외의 다른 소승 성문 대중들은 도저히 견줄 수 없다고 하였다. 소승 성문 대중들을 거듭 비하하였다. 이 경지의 보살이 설법하는 말이 성취된 내용을 아래에 낱낱이 열거하여 성문들의 견해와 전혀 다르다는 점을 밝힌다.

차보살 처어법좌 욕이일음 영제대
**此菩薩**이 **處於法座**하야 **欲以一音**으로 **令諸大**
중 개득해료 즉득해료
**衆**으로 **皆得解了**하야 **卽得解了**하며

"이 보살이 법상에 앉아서 한 음성으로써 모든 대중을 다 깨닫게 하고자 하여 곧 깨달음을 얻게 되느니라."

제9 선혜지에 오른 보살은 그 원력이 이와 같다. 법문을 하거나 강의를 하거나 경전을 설할 때에 한 음성으로 모든 대중을 다 같이 깨닫게 하고자 하는 것이다. 그 많은 대중들에게 어떻게 일일이 말할 시간이 있겠는가. 보살의 안타까워하는 마음의 표현이다. 아무리 못난 법사도 자신의 설법을 더 많은 사람들이 들었으면 하는 생각이 간절할 때가 많다.

혹시 욕이종종음성 영제대중 개득
或時엔 欲以種種音聲으로 令諸大衆으로 皆得

개오
開悟하며

"어떤 때에는 가지가지 음성으로써 모든 대중을 다 깨닫게 하고자 하느니라."

보통의 법사도 이 지구상의 모든 언어를 다 알아서 모든 나라의 대중들에게 일일이 그 나라 말로 훌륭한 부처님의 법문을 다 듣게 하여 깨달음을 얻도록 하였으면 하는 희망을 갖게 된다. 제9지에 오른 보살이야 오죽하겠는가.

혹시 심욕방대광명 연설법문
或時엔 心欲放大光明하야 演說法門하며

"어떤 때에는 마음으로 큰 광명을 놓아서 법문을 연설하게 하고자 하느니라."

보통의 법사도 어떤 때는 일일이 말로 법을 설할 것이 아니라 저 태양빛이 비치는 곳마다 다 진리의 가르침을 저절로 듣게 하였으면 하는 꿈을 꾼다. 진정한 보살이야 말해 무엇하겠는가.

혹시 심욕어기신상일일모공 개연법음
**或時**엔 **心欲於其身上一一毛孔**에 **皆演法音**하며

"어떤 때에는 마음으로 그 몸의 낱낱 모공에서 다 법문의 소리를 연설하고자 하느니라."

약간의 자비심만 있어도 몸이 좀 더 건강하여 부르는 곳이면 모두 다 가서 부처님의 소중한 가르침을 전해 주고자 하는 마음이다. 높은 지위에 오른 보살은 자신의 몸 낱낱 모공에서 항상 진리의 가르침을 연설할 수 있었으면 하는 마음 간절할 것이다.

혹시 심욕내지삼천대천세계 소유일체
**或時**엔 **心欲乃至三千大千世界**의 **所有一切**

형무형물　개실연출묘법언음
**形無形物**에 **皆悉演出妙法言音**하며

"어떤 때에는 마음으로 삼천대천세계에 있는 일체 형상이 있거나 형상이 없는 물건들에 모두 미묘한 법문의 음성을 내게 하고자 하느니라."

이쯤에서 소동파거사의 오도송을 한 번 더 돌아보고자 한다.

"시냇물 흐르는 소리가 곧 부처님의 크고 큰 설법이거늘
산천의 아름다운 모습들이 어찌 청정법신 부처님이 아니랴.
밤이 되니 팔만사천의 게송이나 되는 것을
다른 날 이 이치를 어떻게 사람들에게 이해시키겠는가."[8)]

실은 삼라만상과 천지만물은 이미 진리의 가르침을 설하고 있건만 사람들이 존재의 실상을 볼 줄 모르고 진정한 법문 소리 들을 줄 모를 뿐이다.

8) 溪聲便是廣長舌 山色豈非淸淨身 夜來八萬四千偈 他日如何擧似人.

혹시 심욕발일언음 주변법계 실령
**或時**엔 **心欲發一言音**하야 **周徧法界**하야 **悉令**

해료
**解了**하며

"어떤 때에는 마음으로 한마디 말을 내어서 법계에 가득히 퍼져서 여럿이 다 깨닫게 하고자 하느니라."

한마디 진리의 말씀이 온 우주법계에 가득하여 일체 유정 무정이 다 듣고 감동하여 깨달으면 얼마나 좋겠는가. 자비심이 깊은 보살은 언제나 이와 같은 꿈을 가지고 살아간다.

혹시 심욕일체언음 개작법음 항주
**或時**엔 **心欲一切言音**으로 **皆作法音**하야 **恒住**

불멸
**不滅**하며

"어떤 때에는 마음으로 일체 말과 음성이 다 법문의 소리가 되어 항상 머물고 없어지지 않게 하고자 하느니라."

세상의 소리란 소리는 모두가 사람들을 감동시키고 깨닫게 하는 법문의 말씀이 되어 언제나 소멸하지 않고 늘 들을 수 있게 하였으면 하는 희망을 갖는다. 세상은 부정부패와 사기 협잡과 온갖 거짓과 악으로 가득하여 원한과 증오와 보복으로 지옥이 되어 있다. 어떻게 하면 이들을 정직하고 선량하고 화평한 길로 들어서게 할 것인가. 그저 막막하고 안타까울 뿐이다.

혹시 심욕일체세계 소적종고 급이가영
**或時**엔 **心欲一切世界**의 **簫笛鐘鼓**와 **及以歌詠**
일체악성 개연법음
과 **一切樂聲**으로 **皆演法音**하며

"어떤 때에는 마음으로 모든 세계의 퉁소와 저[笛]와 종과 북과 노래와 일체 풍류 소리가 다 법문을 연설하게 하고자 하느니라."

보살은 온갖 악기의 연주하는 소리를 듣거나 노랫소리를 들어도 그 모든 소리가 중생들을 감동시키고 진리를 깨닫게 하는 소리가 되어 사람들을 선의 길로 들어가게 하였으면 하는 마음뿐이다.

혹시 심욕어일자중 일체법구 언음차별
或時엔 心欲於一字中에 一切法句의 言音差別

개실구족
이 皆悉具足하며

"어떤 때에는 마음으로 한 글자 가운데 일체 법문 구절과 말과 음성의 차별한 것을 모두 구족케 하고자 하느니라."

보살의 중생을 교화하고자 하는 욕심과 원력은 끝이 없다. 그야말로 무량무변하다. 한 글자에 일체 법문의 언어 차별을 다 구족하게 하고자 한다. 그것이 보살의 자비심이다. 그리고 이치에 있어서도 한 글자에 일체 법문을 다 구족하고 낱낱 글자에도 모두 다 구족하였으면 한다.

혹시 심욕령불가설무량세계 지수화풍
或時엔 心欲令不可說無量世界에 地水火風

사대취중 소유미진 일일진중 개실연출
四大聚中의 所有微塵으로 一一塵中에 皆悉演出

불가설법문 여시소념 일체수심 무부
不可說法門하나니 如是所念이 一切隨心하야 無不

득자
得者니라

"어떤 때에는 마음으로 말할 수 없이 한량없는 세계의 흙과 물과 불과 바람 따위의 큰 덩어리에 있는 작은 먼지의 낱낱 먼지들마다 모두 말할 수 없는 법문을 연설하게 하고자 하느니라. 이와 같이 생각하는 것이 모두 마음대로 되지 않는 것이 없느니라."

앞에서는 한 글자에 일체 법문을 다 구족하게 하고자 하였고 여기에서는 한량없는 세계의 흙과 물과 불과 바람 따위의 큰 덩어리에 있는 작은 먼지의 낱낱 먼지들마다 모두 말할 수 없이 많은 법문을 연설하게 하고자 한 것이다. 이 또한 보살의 지극한 자비심의 표현이다. 미혹을 제거하고 밝은 깨달음으로 나아가는 진리의 가르침이 얼마나 값지고 소중한가. 보살의 중생을 위한 가장 소중한 보시는 진리의 가르침인 법을 보시하는 일이다. 이와 같이 대승보살은 미혹한 중생을 깨우치는 법을 베푸는 일을 가장 중요하게 여긴다.

### 3〉 문답이 성취되다

불자 차보살 가사삼천대천세계소유중생
佛子야 此菩薩이 假使三千大千世界所有衆生

함지기전 일일개이무량언음 이흥문
이 咸至其前하야 一一皆以無量言音으로 而興問

난 일일문난 각각부동 보살 어일념
難호대 一一問難이 各各不同이라도 菩薩이 於一念

경 실능영수 잉이일음 보위해석 영
頃에 悉能領受하고 仍以一音으로 普爲解釋하야 令

수심락 각득환희
隨心樂하야 各得歡喜하며

"불자여, 이 보살은 가령 삼천대천세계에 있는 모든

중생이 모두 그 앞에 와서 제각기 한량없는 말로 질문하는데, 그 낱낱 질문이 각각 같지 않더라도 보살이 한 생각 동안에 모두 듣고 바로 한 음성으로 두루 해석하여 그들의 마음을 따라서 제각기 환희케 하느니라."

제9 선혜지 보살이 질문하는 데 따른 대답을 자유자재하게 하는 능력이 성취되었음을 밝혔다. 예컨대 무수한 중생이 무수한 음성으로 무수한 종류의 질문을 하더라도 보살은 그 모든 내용을 다 받아들여서 하나의 음성으로 다 해석한다. 그래서 질문하는 모든 이들로 하여금 마음을 즐겁고 환희하게 한다.

여시내지불가설세계소유중생 일찰나간
**如是乃至不可說世界所有衆生**이 **一刹那間**에

일일개이무량언음 이흥문난 일일문난
**一一皆以無量言音**으로 **而興問難**호대 **一一問難**이

각각부동 보살 어일념경 실능영수
**各各不同**이라도 **菩薩**이 **於一念頃**에 **悉能領受**하고

역이일음 보위해석 각수심락 영득환
亦以一音으로 普爲解釋하야 各隨心樂하야 令得歡

희
喜하며

"이와 같이 내지 말할 수 없는 세계에 있는 중생들이 한 찰나 동안에 낱낱이 한량없는 말과 음성으로 질문을 하는데, 낱낱 질문이 같지 않더라도 이 보살이 한 생각 동안에 모두 다 듣고 또한 한 음성으로 두루 해석하여 그들의 마음을 따라서 제각기 환희케 하느니라."

또 불가설 불가설 불찰미진수 중생들이 한순간에 낱낱이 한량없는 음성으로 각각 다른 질문을 하더라도 보살은 한순간에 다 받아들여 이해하고 단 한마디 말로 널리 해석하여 그 중생들을 모두 환희하게 한다.

내지불가설불가설세계만중중생 보살
乃至不可說不可說世界滿中衆生이라도 菩薩이

개 능 수 기 심 락　수 근 수 해　이 위 설 법　승
**皆能隨其心樂**하야 **隨根隨解**하야 **而爲說法**하며 **承**

불 신 력　광 작 불 사　보 위 일 체　작 소 의 호
**佛神力**하야 **廣作佛事**하며 **普爲一切**하야 **作所依怙**

니라

"내지 말할 수 없이 말할 수 없는 세계에 있는 중생들에게 보살이 모두 그 마음을 따르고 근성을 따르고 이해를 따라서 법을 말하며, 부처님의 신통력을 받들고 불사佛事를 널리 지어 일체 중생의 의지할 바가 되느니라."

근래에 한국불교계에는 즉문즉설卽問卽說이라 하여 그 자리에서 질문하고 그 자리에서 곧바로 대답하는 형식의 설법이 유행한다. 법사의 일방적인 설법과 비교해 단점도 있지만 좋은 점도 많다. 만약 말할 수 없이 말할 수 없는 세계에 있는 중생들에게 보살이 모두 그 마음을 따르고 근성을 따르고 이해를 따라서 법을 말하여 일체 문제를 시원하게 해결해 준다면 참으로 바람직할 것이다.

4〉 받아 가짐이 성취되다

불자　차보살　부갱정진　성취지명
佛子야 此菩薩이 復更精進하야 成就智明하야는

가사일모단처　유불가설세계미진수제불중
假使一毛端處에 有不可說世界微塵數諸佛衆

회　일일중회　유불가설세계미진수중생
會호대 一一衆會에 有不可說世界微塵數衆生하며

일일중생　유불가설세계미진수성욕　피제
一一衆生에 有不可說世界微塵數性欲이어든 彼諸

불　수기성욕　각여법문
佛이 隨其性欲하야 各與法門하시며

"불자여, 이 보살이 다시 더욱 정진하여 밝은 지혜를 성취하느니라. 가령 한 털끝만 한 곳에 말할 수 없는 세계의 작은 먼지 수같이 많은 부처님의 대중이 모였고, 대중이 모인 데마다 말할 수 없는 세계의 작은 먼지 수같이 많은 중생이 있고, 낱낱 중생마다 말할 수 없는 세계의 작은 먼지 수 같은 근성과 욕망이 있는데 저 모든 부처님이 그들의 근성과 욕망을 따라서 각각 법문을 일러 주느니라."

여일모단처 일체법계처 실역여시 여
如一毛端處하야 一切法界處에 悉亦如是라도 如

시소설무량법문 보살 어일념중 실능영수
是所說無量法門을 菩薩이 於一念中에 悉能領受

무유망실
하야 無有忘失이니라

"한 털끝만 한 곳에서와 같이 일체 법계의 곳마다 모두 또한 그러하나니, 이와 같이 말하신 바 한량없는 법문을 보살이 한 생각에 모두 듣고 기억하여 잊지 아니하느니라."

선혜지 보살이 다시 더욱 정진하여 밝은 지혜를 성취함을 밝혔다. 모든 부처님이 무량무변한 중생들의 무량무변한 근성과 욕망을 따라서 각각 일러 주는 무량무변한 법문을 모두 다 듣고 기억한다.

### 10) 선혜지의 공과를 밝히다

#### (1) 조화롭고 유연한 공과

불자 보살 주차제구지 주야전근 갱
佛子야 菩薩이 住此第九地에 晝夜專勤하야 更
무여념 유입불경계 친근여래 입제보
無餘念하고 唯入佛境界하야 親近如來하며 入諸菩
살심심해탈 상재삼매 항견제불 미증
薩甚深解脫하야 常在三昧하야 恒見諸佛하야 未曾
사리
捨離하며

"불자여, 보살이 이 제9지에 머물러서는 밤낮으로 부지런히 정근하고 다른 생각이 없으며, 오직 부처님 경계에 들어가서 여래를 친근하며, 모든 보살들의 매우 깊은 해탈에 들어가서 항상 삼매에 있으면서 여러 부처님을 늘 친견하고 잠깐도 떠나지 아니하느니라."

제9 선혜지에 머문 공과를 밝힌 내용이다. 먼저 조화롭고 유연한 공과다. 밤낮으로 부지런히 정근하고 다른 생각이 없다. 또 오직 부처님 경계에 들어가서 여래를 친근한다.

그리고 모든 보살들의 매우 깊은 해탈에 들어가서 항상 삼매에 있다.

일일겁중 견무량불 무량백불 무량천
一一劫中에 見無量佛과 無量百佛과 無量千

불 내지무량백천억나유타불 공경존중
佛과 乃至無量百千億那由他佛하야 恭敬尊重하고

승사공양 어제불소 종종문난 득설법다
承事供養하며 於諸佛所에 種種問難하야 得說法陀

라니 소유선근 전갱명정
羅尼하야 所有善根이 轉更明淨하나니

"낱낱 겁마다 한량없는 부처님과 한량없는 백 부처님과 한량없는 천 부처님과 내지 한량없는 백천억 나유타 부처님을 뵙고 공경하고 존중하고 받들어 섬기고 공양하느니라. 여러 부처님 계신 데서 갖가지로 질문하여 법을 설하는 다라니를 얻어 지닌 바의 선근善根이 점점 더 밝고 깨끗하여지느니라."

보살이 낱낱 겁마다 한량없는 백천억 나유타 부처님을

뵙고 공경하고 존중하고 받들어 섬기고 공양한다. 또 여러 부처님 계신 데서 갖가지로 질문하여 법을 설하는 다라니를 얻어 지닌 바의 선근이 점점 더 밝고 깨끗하여진다.

비여진금 선교금사 용작보관 전륜성
譬如眞金을 善巧金師가 用作寶冠하야 轉輪聖
왕 이엄기수 사천하내일체소왕 급제신
王이 以嚴其首하면 四天下內一切小王과 及諸臣
민 제장엄구 무여등자 차제구지보살
民의 諸莊嚴具가 無與等者인달하야 此第九地菩薩
선근 역부여시 일체성문벽지불 급하지
善根도 亦復如是하야 一切聲聞辟支佛과 及下地
보살 소유선근 무능여등
菩薩의 所有善根이 無能與等이니라

"마치 진금을 다루는 뛰어난 기술을 가진 사람이 보배 관을 만들어 전륜성왕의 머리에 장엄하면 사천하 안에 있는 모든 왕과 신하들의 여러 장엄거리로는 그와 같을 것이 없느니라. 이 제9지 보살의 선근도 그와 같아서 일체 성문이나 벽지불이나 아래 지위에 있는 보살들이 가진 선근으로는 능히 더불어 같을 수가 없느니라."

진금으로 만든 전륜성왕의 왕관과 왕의 신하들이 사용하는 장엄거리는 비교할 수 없듯이 제9 선혜지 보살이 닦은 선근은 성문이나 벽지불이나 기타 다른 보살들의 선근과는 비교할 수 없음을 밝혔다.

불자 비여이천세계주대범천왕 신출광
**佛子**야 **譬如二千世界主大梵天王**이 **身出光**
명 이천계중유원지처 실능조요 제기
**明**하야 **二千界中幽遠之處**를 **悉能照耀**하야 **除其**
흑암 차지보살 소유선근 역부여시
**黑闇**인달하야 **此地菩薩**의 **所有善根**도 **亦復如是**하야
능출광명 조중생심 번뇌흑암 개령식
**能出光明**하야 **照衆生心**하야 **煩惱黑闇**을 **皆令息**
멸
**滅**이니라

"불자여, 마치 이천二千세계의 임금인 대범천왕이 몸으로 광명을 내면 이천세계 중에 있는 깊고 먼 곳을 모

두 비추어서 그 어두움을 없애느니라. 이 지위의 보살 선근善根도 그와 같아서 능히 광명을 내어 중생의 마음을 비추어 번뇌의 어두움을 모두 없어지게 하느니라."

대범천왕大梵天王은 대범왕大梵王, 범왕梵王이라고도 한다. 색계 초선천 중의 화려한 고루거각에 있으면서 사바세계를 차지한 천왕이다. 키는 1유순 반이며 수명은 1겁 반이라 한다. 이 천왕이 몸에서 광명을 놓아 이천세계를 두루 비추듯이 제9 선혜지 보살의 선근도 그와 같아서 광명을 내어 중생의 마음을 비추어 번뇌의 어두움을 모두 없어지게 한다.

차보살 십바라밀중 역바라밀 최승
**此菩薩**이 **十波羅蜜中**에 **力波羅蜜**이 **最勝**하니

여바라밀 비불수행 단수력수분 불자
**餘波羅蜜**은 **非不修行**이로대 **但隨力隨分**이니라 **佛子**

시명약설보살마하살 제구선혜지 약광설
야 **是名略說菩薩摩訶薩**의 **第九善慧地**니 **若廣說**

자 어무량겁 역불능진
者인댄 於無量劫에도 亦不能盡이니라

"이 보살이 십바라밀다 중에는 힘[力]바라밀다가 가장 수승하니, 다른 바라밀다를 닦지 않는 것은 아니지마는 힘을 따르고 분한을 따를 뿐이니라. 불자여, 이것을 보살마하살의 제9 선혜지를 간략히 설함이라 하거니와 만일 널리 설하자면 한량없는 겁에도 다할 수 없느니라."

제9 선혜지 보살은 십바라밀을 수행하는 중에서 힘[力]바라밀을 주된 바라밀로 수행한다. 이 선혜지 보살의 수행을 만약 자세하게 설한다면 한량없는 겁 동안 설하더라도 다 설하지 못한다.

### (2) 과보를 거두는 공과

불자 보살마하살 주차지 다작이천세계
佛子야 菩薩摩訶薩이 住此地에 多作二千世界

주대범천왕 선능통리 자재요익
主大梵天王하야 善能統理하야 自在饒益하며

"불자여, 보살마하살이 이 지위에 머물러서는 흔히 이천二千세계의 임금인 대범천왕이 되어 잘 통치하며 자유롭게 이익하게 하느니라."

能爲一切聲聞緣覺과 及諸菩薩하야 分別演說波羅蜜行하며 隨衆生心하야 所有問難이 無能屈者하며 布施愛語利行同事하나니 如是一切諸所作業이 皆不離念佛하며 乃至不離念一切種과 一切智智니라

(능위일체성문연각 급제보살 분별연설바라밀행 수중생심 소유문난 무능굴자 보시애어이행동사 여시일체제소작업 개불리염불 내지불리염일체종 일체지지)

"능히 모든 성문과 연각과 보살들을 위하여 바라밀다행을 분별하여 연설하며 중생의 마음을 따라서 어떤 질문을 하더라도 능히 굽히지 아니하며, 보시하고, 좋은 말을 하고, 이익된 행을 하고, 일을 함께하느니라. 이렇게 여러 가지 짓는 업이 모두 부처님을 생각함을

떠나지 아니하며 내지 갖가지 지혜와 온갖 지혜의 지혜를 생각함을 떠나지 아니하느니라."

이 선혜지에 머문 보살이 만약 세속에서 천왕이 되면 이천二千세계의 임금인 대범천왕이 되어 나라를 잘 통치하며 자유롭게 이익하게 할 것이다. 그래서 왕으로서 일체 성문과 연각과 여러 보살들을 위하여 바라밀의 행을 분별하여 연설한다. 진정한 불자라면 세속에 있더라도 오로지 불법을 가르치고 십바라밀을 실천궁행하는 일뿐이다. 보시와 애어와 이행과 동사라는 사섭법을 열심히 행하면서 언제나 부처님과 불법과 스님을 생각하고 일체 지혜의 지혜를 잊지 않는다. 예컨대 인도의 아소카 왕이나 중국의 양나라 무제나 신라의 법흥왕이나 일본의 성덕태자와 같은 분이 그와 같은 일을 수행한 이들이다.

부작시념 아당어일체중생중 위수 위
**復作是念**호대 **我當於一切衆生中**에 **爲首**며 **爲**

승 내지위일체지지의지자 차보살
勝이며 乃至爲一切智智依止者라하나니 此菩薩이

약발근정진 어일념경 득백만아승지국토
若發勤精進하면 於一念頃에 得百萬阿僧祇國土

미진수삼매 내지시현백만아승지국토미진
微塵數三昧하며 乃至示現百萬阿僧祇國土微塵

수보살 이위권속
數菩薩로 以爲眷屬이니라

"다시 또 생각하기를 '내가 모든 중생들 가운데 머리가 되고, 수승한 이가 되며, 내지 온갖 지혜의 지혜에 의지함이 되리라.' 라고 하느니라. 이 보살이 만일 부지런히 정진하면 잠깐 동안에 백만 아승지 국토의 작은 먼지 수같이 많은 삼매를 얻으며, 내지 백만 아승지 국토의 작은 먼지 수같이 많은 보살을 나타내어 권속을 삼느니라."

선혜지에 머문 보살은 어디를 가더라도 항상 모든 중생들 가운데서 우두머리가 되고, 수승한 이가 되며, 내지 온갖 지혜의 지혜에 의지함이 된다. 이 보살이 만일 더욱 부지런히 정진하면 잠깐 동안에 백만 아승지 국토의 작은 먼지 수같이 많은 삼매를 얻게 될 것이다. 또한 백만 아승지 국토의 작은 먼지 수같이 많은 보살을 나타내어 권속을 삼게 될 것이다.

### (3) 원력과 지혜의 공과

약이보살수승원력 자재시현 과어차
**若以菩薩殊勝願力**으로 **自在示現**인댄 **過於此**

수 내지백천억나유타겁 불능수지
**數**하야 **乃至百千億那由他劫**에도 **不能數知**니라

"만일 보살의 수승한 원력으로 자유롭게 나타내면 이보다 훨씬 많아서 내지 백천억 나유타 겁에도 세어서 능히 알지 못하리라."

선혜지에 오른 보살이 만약 더욱 수승한 원력으로 자유롭게 나타내면 이보다 훨씬 많아서 내지 백천억 나유타 겁에도 세어서 능히 알지 못할 엄청난 덕화가 있을 것이다.

### 11) 게송으로 그 뜻을 거듭 설하다

#### (1) 수행 방편을 말하다

이시　금강장보살　욕중선기의　이설송
**爾時**에 **金剛藏菩薩**이 **欲重宣其義**하사 **而說頌**

왈
**曰**

그때에 금강장보살이 그 뜻을 다시 펴려고 게송으로 말하였습니다.

무량지력선관찰　　최상미묘세난지
**無量智力善觀察**하니　**最上微妙世難知**라

보입여래비밀처　　이익중생입구지
**普入如來秘密處**하야　**利益衆生入九地**로다

한량없는 지혜로 자세히 살피니
가장 높고 미묘하여 세상에서 알기 어려워
여래의 비밀한 곳에 널리 들어가
중생들에게 이익 주려 제9지에 들어갔도다.

금강장보살이 제9 선혜지에 오른 보살의 수행을 다시 펴려고 게송으로 거듭 설한다. 선혜지에 머문 보살은 가장 높고 미묘하여 세상에서 알기 어렵다. 여래의 비밀한 곳에 널리 들어가서 중생들에게 이익을 주려 한다. 그것이 이 보살의 수행 방편이다.

총 지 삼 매 개 자 재　　　획 대 신 통 입 중 찰
**總持三昧皆自在**하고　**獲大神通入衆刹**하며

역 지 무 외 불 공 법　　　원 력 비 심 입 구 지
**力智無畏不共法**과　　**願力悲心入九地**로다

다라니와 삼매에 다 자재하고
큰 신통 얻어 한량없는 세계에 들며
힘과 지혜와 두려움 없음과 특별한 법과
원력과 자비심으로 제9지에 들었도다.

제9지에 들어가는 수행 방편을 열거하였다. 다라니와 삼매와 신통과 힘과 지혜와 무소외와 불공법과 원력과 자비심으로 제9지에 들어간다고 하였다.

### (2) 지혜가 성취되다

주어차지지법장　　요선불선급무기
**住於此地持法藏**하야　**了善不善及無記**하며

유루무루세출세　　사부사의실선지
**有漏無漏世出世**와　**思不思議悉善知**로다

이 지地에 머물고서는 법장을 호지하여
선善과 불선不善과 무기無記를 알며
유루有漏와 무루無漏와 세간과 출세간과
사의思議와 부사의를 모두 잘 알도다.

다음은 지혜가 성취됨을 밝혔다. 그 지혜로 부처님의 가르침인 법장을 잘 보호해 가져서 선과 불선과 선도 아니고 불선도 아닌 무기를 잘 알고, 유루와 무루와 세간과 출세간과 사의와 부사의까지 잘 안다.

약법결정불결정　　삼승소작실관찰
**若法決定不決定**과　**三乘所作悉觀察**하며

유위무위행차별　　여시이지입세간
**有爲無爲行差別**을　**如是而知入世間**이로다

결정하고 결정하지 못한 법이나
삼승三乘의 할 일들을 다 관찰하며
함이 있고 함이 없는 행行의 차별을
이와 같이 다 알고서 세간에 들도다.

또 지혜로 결정하고 결정하지 못한 법이나 삼승의 할 일들을 다 관찰하며 함이 있고 함이 없는 행行의 차별을 다 잘 안다.

### (3) 행이 성취되다

약 욕 지 제 중 생 심 즉 능 이 지 여 실 지
**若欲知諸衆生心**인댄 **則能以智如實知**

종 종 속 전 괴 비 괴 무 질 무 변 등 중 상
**種種速轉壞非壞**와 **無質無邊等衆相**이니라

만약 모든 중생들의 마음을 알고자 하면
능히 지혜로써 사실과 같이 모두 아나니
가지가지 빨리 전변하여 무너지고 무너지지 않고
바탕 없고 끝이 없는 여러 모양들이니라.

지혜의 성취에 이어서 행이 성취됨을 밝혔다. 가지가지 빨리 전변하여 무너지고, 또는 무너지지 않고, 바탕이 없고, 끝이 없는 여러 모양들을 다 안다.

번뇌무변항공반 면기일의속제취
**煩惱無邊恒共伴**과 **眠起一義續諸趣**와

업성종종각차별 인괴과집개능료
**業性種種各差別**과 **因壞果集皆能了**로다

번뇌가 그지없어 항상 함께 벗하며
혼미하고 깨어남이 한 뜻임과 계속하는 모든 갈래
업의 성질 가지가지 차별한 것과
원인이 파괴되고 결과가 모임을 모두 알도다.

무량무변한 번뇌가 항상 벗이 된다. 번뇌를 흔히 수면隨眠이라고도 하는데 번뇌는 늘 중생을 따라다녀 여의지 아니하므로 수隨라 하고, 그 작용이 아득하여 알기 어려움이 마치 잠자는 상태와 비슷하므로 면眠이라 한다. 이처럼 잠들고 일어나는 작용과 같은 번뇌가 하나인 뜻과 여러 갈래에 계속하는 윤회와, 업의 가지가지 차별과, 원인이 파괴되어 흩어졌다가 결과가 다시 모이는 등등을 보살은 모두 다 안다.

제 근 종 종 하 중 상　　선 후 제 등 무 량 별
**諸根種種下中上**과　　**先後際等無量別**이라

해 성 낙 욕 역 부 연　　팔 만 사 천 미 부 지
**解性樂欲亦復然**하니　　**八萬四千靡不知**로다

여러 근기가 하품 · 중품 · 상품이 되는 것과
앞과 뒤가 한량없이 차별한 일과
이해나 근성이나 욕망도 또한 그러해
팔만사천 가지를 모두 다 알도다.

보살은 또 중생들의 여러 가지 근기의 차별과 먼저 이루고 뒤에 이루는 등의 차별과 이해나 근성이나 욕망도 또한 갖가지로 차별한 팔만사천 종류를 일일이 다 안다.

중생혹견항수박 무시조림미제전
衆生惑見恒隨縛하야 無始稠林未除翦이라

여지공구심병생 상상기계부단절
與志共俱心幷生하야 常相羈繫不斷絶이로다

중생은 번뇌와 소견이 항상 따라 얽히고
시작 없는 빽빽한 숲을 제거하지 못하니
깊은 뜻과 마음과 함께 나면서
항상 서로 얽혀서 끊지 못하도다.

중생은 번뇌와 소견이 항상 따라 얽히고, 시작 없는 옛적부터 늘 함께한다. 마치 빽빽한 숲과 같아서 얽히고 무성하여 제거하지 못하고 끊지 못한다. 이러한 중생들의 번뇌를 어떻게 설명해야 할까.

단유망상비실물 불리어심무처소
但唯妄想非實物이며 不離於心無處所라

선정경배잉퇴전 금강도멸방필경
禪定境排仍退轉이요 金剛道滅方畢竟이로다

허망한 생각이란 진실한 것이 아니니
마음에 예속되었으나 처소가 없고
선정의 경계로 배척해야 물러나나니
금강도金剛道로 박멸해야 끝이 나리라.

그 많고 많은 번뇌도 실은 실체가 없는 허망한 생각이라 진실한 것이 아니다. 그것은 마음으로부터 일어난 것이지만 어떤 특정한 처소가 없다. 선정을 닦아서 금강과 같은 반야지혜가 빛날 때 비로소 물러나게 된다. 금강은 굳고 예리한 두 가지 덕을 가지고 있으므로 경론 가운데 지혜의 굳고 단단한 것에 많이 비유하였다. 반야지혜란 곧 본래의 참마음에는 처음부터 번뇌가 없다는 사실을 깨달아 아는 것이다. 법성게에서 "수행하는 사람이 본래의 경지인 참마음에 돌아가면 번뇌 망상을 쉬지 않으려고 해도 쉬지 않을 수 없다."[9] 라고 하였다.

---

9) 是故行者還本際 叵息妄想必不得.

육취수생각차별　　　업전애윤무명부
六趣受生各差別하니　業田愛潤無明覆하며

식위종자명색아　　　삼계무시항상속
識爲種子名色芽로　三界無始恒相續이로다

여섯 갈래 태어남이 각각 다르고

업의 밭에서 애착의 물에 젖고 무명 덮으며

식識이란 종자에서 명색의 싹[名色芽]이 나서

세 세계가 언제나 계속하도다.

지옥과 아귀와 축생과 인도와 천도와 아수라가 생을 받아 태어나는 것이 각각 차별하더라도 모두 업의 밭에서 애착의 물에 젖고, 무명에 덮이어서 식이 종자가 되고, 정신[名]과 물질[色]의 싹이 나서 삼계에서 시작도 없이 항상 계속하는 것이다.

혹업심습생제취　　　약리어차불부생
惑業心習生諸趣니　若離於此不復生이어늘

중생실재삼취중　　혹익어견혹행도
**衆生悉在三聚中**하야　**或溺於見或行道**로다

번뇌의 업과 마음의 버릇으로 여러 갈래에 태어나니
만약 이것만을 여의면 다시 태어나지 않으며
중생들이 삼취三聚의 가운데 있어
혹 사견에 빠지고 혹 정도를 행하도다.

중생들이 삼취三聚의 가운데 있다는 것은 장문에서 설명하였으나 다시 반복하면, 삼정취三定聚로서 사람의 성질을 셋으로 나눈 것인데 ① 정정취正定聚인 향상向上 진전하여 결정코 성불할 종류와 ② 사정취邪定聚인 성불할 만한 소질이 없어 더욱 타락하여 가는 종류와 ③ 부정취不定聚인 연緣이 있으면 성불할 수 있고 연이 없으면 미혹할 한 종류로서 향상과 타락에 결정이 없는 근기의 종류이다. 그래서 혹 사견에 빠지고 혹 정도를 행한다고 하였다.

(4) 설법이 성취되다

주어차지선관찰　　수기심락급근해
住於此地善觀察하야　隨其心樂及根解라

실이무애묘변재　　여기소응차별설
悉以無礙妙辯才로　如其所應差別說호대

이 지위에 머물러서 잘 관찰하고
그 마음에 즐김과 근성과 이해를 따라
모두 다 걸림 없이 미묘한 변재로
그 적당한 바를 따라 차별하게 연설하도다.

제9지 보살이 설법이 성취됨을 밝혔다. 중생들의 근기를 잘 관찰하여 그 마음에 즐거워함과 근성과 이해를 따라 모두 다 걸림이 없이 미묘한 변재로써 그 적당한 바를 따라 차별하게 연설한다.

처어법좌여사자　　역여우왕보산왕
處於法座如獅子하고　亦如牛王寶山王하며

우여용왕포밀운　　주감로우충대해
又如龍王布密雲하야　霔甘露雨充大海라

법상法床에 앉은 것이 사자와 같고
또한 우왕牛王이나 보배 산의 왕과도 같으며
또한 용왕이 빽빽한 구름을 펼쳐서
큰 비를 내려 바다에 가득함과 같도다.

보살이 설법이 성취되어 법을 설하는 모습을 그렸다. 무수한 대중이 모인 법석에서 법상에 높이 앉은 것이 마치 사자와 같고, 설산의 크고 흰 소와 같으며, 보배 산의 산왕과 같다. 또한 용왕이 빽빽한 구름을 펼쳐서 넓은 바다에 큰 비를 한껏 내리는 것과도 같다. 모든 법사는 이와 같은 광경을 항상 그린다.

선 지 법 성 급 오 의 　 수 순 언 사 능 변 설
善知法性及奧義하야 　 隨順言辭能辯說이로다
총 지 백 만 아 승 지 　 비 여 대 해 수 중 우
總持百萬阿僧祇를 　 譬如大海受衆雨니라

법의 성품 깊은 이치 모두 잘 알아
여러 가지 말을 따라 연설하도다.

백만 아승지 다라니를
마치 큰 바다가 많은 비를 받아들이듯 하도다.

제9 선혜지 보살은 법의 성품과 깊은 이치를 모두 다 잘 알아 온갖 언어를 수순하여 능히 잘 연설한다. 또 백만 아승지 교리와 백만 아승지 이치와 백만 아승지 경문과 백만 아승지 언어를 다 지니어 가지는 것이 마치 큰 바다가 여름날의 그 많고 많은 폭우를 다 받아들이는 것과 같다.

총 지 삼 매 개 청 정 　 능 어 일 념 견 다 불
**總持三昧皆淸淨**하야 　**能於一念見多佛**하며
일 일 불 소 개 문 법 　 부 이 묘 음 이 연 창
**一一佛所皆聞法**하고 　**復以妙音而演暢**이로다

다라니와 삼매가 모두 청정해
한 생각에 많은 부처님을 모두 친견하며
모든 부처님께 다 법문을 듣고
다시 미묘한 음성으로 연설하도다.

선혜지 보살은 모든 것을 기억해 지니는 다라니와 삼매가 누구보다도 뛰어나서 한 생각에 수많은 부처님을 능히 다 친견하고, 그 모든 부처님께 법문을 다 듣는다. 그리고 들은 법문을 다시 아름다운 음성으로 잘 연설한다.

약 욕 삼 천 대 천 계　　　교 화 일 체 제 군 생
**若欲三千大千界**에　　**教化一切諸群生**인댄

여 운 광 포 무 불 급　　　수 기 근 욕 실 령 희
**如雲廣布無不及**하야　**隨其根欲悉令喜**니라

만약 삼천대천세계에서
일체 모든 중생을 교화하고자 한다면
마치 구름이 온 세계에 널리 퍼지듯이
근기와 욕망 따라 다 기쁘게 할지니라.

불법이 세상을 뒤덮어서 일체 중생을 모두 교화하여 한 사람도 빠짐없이 보시하고 회향하면서 살게 하려면 마치 여름날 구름이 온 세상을 덮어 큰 비가 내리듯이 하여야 할 것이다. 그래서 사람들의 근기와 욕망을 따라 모두 기쁘게 하여야 할 것이다. 법화경 약초유품의 비유와 같이 보살은 중생에게 큰 비가 된다.

모단불중무유수　　　중생심락역무극
毛端佛衆無有數하며　衆生心樂亦無極이어든
실응기심여법문　　　일체법계개여시
悉應其心與法門하며　一切法界皆如是로다

한 터럭 끝의 부처님이 무수히 많으며
중생들의 마음에 좋아함도 또한 끝이 없거든
그 마음을 모두 따라 법문을 일러 주며
일체 법계에도 또한 그와 같이 하도다.

하나의 작은 먼지 속에 시방세계가 들어 있다고 하였듯이 하나의 터럭 끝에는 무수한 부처님이 계신다. 또 중생들의 마음도 가지가지여서 헤아릴 수 없이 많다. 그 많은 마음을 따라 낱낱이 법문을 일러 준다. 하나의 터럭 끝에서와 같이 일체 법계에서도 또한 그와 같다. 일체의 작은 먼지 속에 낱낱이 시방세계가 있는 것처럼.

보살근가정진력　　부획공덕전증승
菩薩勤加精進力하고　復獲功德轉增勝하야

문지이소제법문　　여지능지일체종
聞持爾所諸法門을　如地能持一切種이로다

보살이 부지런히 더욱 정진하고
더욱 훌륭한 공덕을 다시 얻어서
저러한 모든 법문 들어서 가지기를
마치 땅덩이가 온갖 만물을 다 받들듯 하도다.

대지는 작은 모래알과 풀과 나무를 다 가져서 유지하고 있다. 작은 건물이나 큰 건물도 다 유지하여 가진다. 심지어 강과 하천과 큰 바다까지 가져서 유지하는 것이 대지다. 보살의 수행 정진은 이루 말할 수 없이 수승한 공덕과 일체 법문을 다 들어 유지하여 가진다. 선혜지 보살의 덕은 이와 같다.

시방무량제중생　　함래친근회중좌
十方無量諸衆生이　咸來親近會中坐하야

일념수심각문난　　일음보대실충족
一念隨心各問難이라도 一音普對悉充足이로다

시방세계 한량없는 모든 중생들
모두 와서 친근하며 회중會中에 앉아
일념으로 마음 따라 제각기 질문하는 일
한 소리로 널리 상대하여 모두 만족케 하도다.

설법이 성취되었으므로 시방의 한량없는 중생들이 다 와서 한꺼번에 질문하더라도 한 소리로 대답하여 모두 만족하게 한다. 법을 설하는데 혼자서 일방적으로 설하고 마는 것은 누구나 할 수 있는 일이다. 그러나 만약 대중들이 낱낱이 의문되는 점을 질문하고 따질 때 그들에게 만족스럽도록 대답하기란 쉬운 일이 아니다. 선혜지 보살은 한 소리로 널리 대답하여 만족하게 한다.

### (5) 제9지의 공과를 밝히다

주어차지위법왕　　수기회유무염권
住於此地爲法王하야 隨機誨誘無厭倦하며

일야견불미증사　　입심적멸지해탈
日夜見佛未曾捨하야　入深寂滅智解脫이로다

이 지위에 머물러선 법왕이 되어
근기를 따라 일러 주기에 게으름 없고
밤낮으로 부처님 뵙고 마음을 다해
깊은 적멸과 지혜와 해탈에 들어가도다.

제9지에 오르면 곧 법의 왕이 된다. 그래서 중생들의 근기를 따라 법을 일러 주기에 게으름이 없다. 밤낮으로 부처님을 친견하고 마음을 다해 깊은 적멸과 지혜와 해탈에 들어간다.

공양제불선익명　　여왕정상묘보관
供養諸佛善益明하니　如王頂上妙寶冠이요
부사중생번뇌멸　　비여범왕광보조
復使衆生煩惱滅하니　譬如梵王光普照로다

모든 부처님께 공양하여 선행이 더욱 밝아지니
마치 전륜왕이 보배 관을 머리에 쓴 듯하고

다시 또 중생들의 번뇌를 소멸하게 하니
대범천왕이 광명을 널리 비추듯 하도다.

선혜지 보살은 모든 부처님께 공양하여 선행이 더욱 밝아진다. 선행이 우뚝한 것이 마치 전륜왕이 머리에 보배 관을 쓴 듯하다. 또 법을 설해서 중생들의 번뇌를 소멸하는 것이 대범천왕이 광명을 널리 비추듯 한다.

주 차 다 작 대 범 왕　　　이 삼 승 법 화 중 생
**住此多作大梵王**하야　**以三乘法化衆生**하며

소 행 선 업 보 요 익　　　내 지 당 성 일 체 지
**所行善業普饒益**하야　**乃至當成一切智**로다

이 지위에서는 흔히 대범천왕이 되어
삼승의 법문으로 중생들을 교화하며
행한 바의 선업으로 널리 이익되게 하여
마땅히 일체 지혜를 이루게 되리라.

보살이 이 지위에 머물게 되면 흔히 대범천왕이 되어 근기를 따라 삼승三乘의 법문으로 중생들을 교화한다. 또 선한 행을 닦아 많은 사람들을 널리 요익하게 한다.

일 념 소 입 제 삼 매　　아 승 지 찰 미 진 수
一念所入諸三昧가　　阿僧祇刹微塵數라

견 불 설 법 역 부 연　　원 력 소 작 부 과 차
見佛說法亦復然이어니와　願力所作復過此로다

한 생각에 들어간 모든 삼매가
아승지 세계의 작은 먼지 수 같고
부처님이 법을 설함을 친견함도 그러하거늘
원력으로 짓는 것은 그보다 더욱 많도다.

제9 선혜지 보살이 한순간에 들어간 일체 삼매는 아승지 세계를 작은 먼지로 만들었을 때 그 먼지 숫자와 같이 많고도 많다. 또 부처님의 설법을 친견함도 위에서 든 숫자와 같이 많다. 그것은 제9지에서는 저절로 이뤄지는 것이고, 만약 원력을 더하면 그 숫자보다 훨씬 더 많다.

(6) 결론으로 말하다

차시제구선혜지 대지보살소행처
**此是第九善慧地**니 **大智菩薩所行處**라

심심미묘난가견 아위불자이선설
**甚深微妙難可見**을 **我爲佛子已宣說**이로다

이것이 제9의 선혜지善慧地에서
큰 지혜 보살들이 행하는 곳이니
매우 깊고 미묘하여 볼 수 없거늘
내가 지금 불자들을 위해서 일러 주노라.

여기까지 제9 선혜지에 대한 내용을 장문과 게송으로 모두 설하여 마쳤다. 선혜지 보살을 큰 지혜 있는 보살의 행한 바라고 하였다. 실은 매우 깊고 미묘하여 아무나 볼 수 없는 것을 금강장보살이 지금 모든 불자들을 위하여 세세하게 설하여 준 것이다.

십지품 5 끝

〈제38권 끝〉

# 華嚴經 構成表

<table>
<tr><th>分次</th><th colspan="2">周次</th><th>內容</th><th>品數</th><th>會次</th></tr>
<tr><td>擧果勸樂生信分<br>(信)</td><td colspan="2">所信因果周</td><td>如來依正</td><td>世主妙嚴品 第一<br>如來現相品 第二<br>普賢三昧品 第三<br>世界成就品 第四<br>華藏世界品 第五<br>毘盧遮那品 第六</td><td>初會</td></tr>
<tr><td rowspan="9">修因契果生解分<br>(解)</td><td rowspan="7">差別因果周</td><td rowspan="6">差別因</td><td>十信</td><td>如來名號品 第七<br>四聖諦品 第八<br>光明覺品 第九<br>菩薩問明品 第十<br>淨行品 第十一<br>賢首品 第十二</td><td>二會</td></tr>
<tr><td>十住</td><td>昇須彌山頂品 第十三<br>須彌頂上偈讚品 第十四<br>十住品 第十五<br>梵行品 第十六<br>初發心功德品 第十七<br>明法品 第十八</td><td>三會</td></tr>
<tr><td>十行</td><td>昇夜摩天宮品 第十九<br>夜摩天宮偈讚品 第二十<br>十行品 第二十一<br>十無盡藏品 第二十二</td><td>四會</td></tr>
<tr><td>十廻向</td><td>昇兜率天宮品 第二十三<br>兜率宮中偈讚品 第二十四<br>十廻向品 第二十五</td><td>五會</td></tr>
<tr><td>十地</td><td>十地品 第二十六</td><td>六會</td></tr>
<tr><td>等覺</td><td>十定品 第二十七<br>十通品 第二十八<br>十忍品 第二十九<br>阿僧祇品 第三十<br>如來壽量品 第三十一<br>菩薩住處品 第三十二</td><td rowspan="4">七會</td></tr>
<tr><td>差別果</td><td rowspan="3">妙覺</td><td>佛不思議法品 第三十三<br>如來十身相海品 第三十四<br>如來隨好光明功德品 第三十五</td></tr>
<tr><td rowspan="2">平等因果周</td><td>平等因</td><td>普賢行品 第三十六</td></tr>
<tr><td>平等果</td><td>如來出現品 第三十七</td></tr>
<tr><td>托法進修成行分<br>(行)</td><td colspan="2">成行因果周</td><td>二千行門</td><td>離世間品 第三十八</td><td>八會</td></tr>
<tr><td>依人證入成德分<br>(證)</td><td colspan="2">證入因果周</td><td>證果法門</td><td>入法界品 第三十九</td><td>九會</td></tr>
</table>

(資料：文殊經典硏究會)

| 會場 | 放光別 | 會主 | 入定別 | 說法別擧 |
|---|---|---|---|---|
| 菩提場 | 遮那放齒光眉間光 | 普賢菩薩爲會主 | 入毘盧藏身三昧 | 如來依正法 |
| 普光明殿 | 世尊放兩足輪光 | 文殊菩薩爲會主 | 此會不入定．信未入位故 | 十信法 |
| 忉利天宮 | 世尊放兩足指光 | 法慧菩薩爲會主 | 入無量方便三昧 | 十住法門 |
| 夜摩天宮 | 如來放兩足趺光 | 功德林菩薩爲會主 | 入菩薩善思惟三昧 | 十行法門 |
| 兜率天宮 | 如來放兩膝輪光 | 金剛幢菩薩爲會主 | 入菩薩智光三昧 | 十迴向法門 |
| 他化天宮 | 如來放眉間毫相光 | 金剛藏菩薩爲會主 | 入菩薩大智慧光明三昧 | 十地法門 |
| 再會普光明殿 | 如來放眉間口光 | 如來爲會主 | 入刹那際三昧 | 等妙覺法門 |
| 三會普光明殿 | 此會佛不放光．表行依解法依解光故 | 普賢菩薩爲會主 | 入佛華莊嚴三昧 | 二千行門 |
| 祇陀園林 | 放眉間白毫光 | 如來善友爲會主 | 入獅子頻申三昧 | 果法門 |

如天 無比

1943년 영덕에서 출생하였다. 1958년 출가하여 덕흥사, 불국사, 범어사를 거쳐 1964년 해인사 강원을 졸업하고 동국역경연수원에서 수학하였다. 10여 년 선원생활을 하고 1976년 탄허 스님에게 화엄경을 수학하고 전법, 이후 통도사 강주, 범어사 강주, 은해사 승가대학원장, 대한불교조계종 교육원장, 동국역경원장, 동화사 한문불전승가대학원장 등을 역임하였다.

2018년 5월에는 수행력과 지도력을 갖춘 승랍 40년 이상 되는 스님에게 품서되는 대종사 법계를 받았다. 현재 부산 문수선원 문수경전연구회에서 150여 명의 스님과 300여 명의 재가 신도들에게 화엄경을 강의하고 있다. 또한 다음 카페 '염화실'(http://cafe.daum.net/yumhwasil)을 통해 '모든 사람을 부처님으로 받들어 섬김으로써 이 땅에 평화와 행복을 가져오게 한다.'는 인불사상人佛思想을 펼치고 있다.

저서로 『무비 스님의 유마경 강설』(전 3권), 『대방광불화엄경 실마리』, 『무비 스님의 왕복서 강설』, 『무비 스님이 풀어 쓴 김시습의 법성게 선해』, 『법화경 법문』, 『신금강경 강의』, 『직지 강설』(전 2권), 『법화경 강의』(전 2권), 『신심명 강의』, 『임제록 강설』, 『대승찬 강설』, 『당신은 부처님』, 『사람이 부처님이다』, 『이것이 간화선이다』, 『무비 스님과 함께하는 불교공부』, 『무비 스님의 증도가 강의』, 『일곱 번의 작별인사』, 무비 스님이 가려 뽑은 명구 100선 시리즈(전 4권) 등이 있고 편찬하고 번역한 책으로 『화엄경(한글)』(전 10권), 『화엄경(한문)』(전 4권), 『금강경 오가해』 등이 있다.

# 대방광불화엄경 강설 제38권

| **초판 1쇄 발행_** 2016년 4월 8일
| **초판 3쇄 발행_** 2021년 6월 15일

| **지은이_** 여천 무비(如天 無比)
| **펴낸이_** 오세룡
| **편집_** 박성화 손미숙 유나리
| **기획_** 최은영 곽은영
| **디자인_** 고혜정 김효선 장혜정
| **홍보 마케팅_** 이주하
| **펴낸곳_** 담앤북스
서울특별시 종로구 새문안로3길 23 경희궁의 아침 4단지 805호
대표전화 02)765-1251 전송 02)764-1251 전자우편 damnbooks@hanmail.net
출판등록 제300-2011-115호
| ISBN 978-89-98946-98-2 04220

정가 14,000원

法王金剛藏菩薩